# Deutschfix

## Grundlagen Deutsch

Hennes Heuckmann
Manfred Maier
Uli Mezger

Ernst Klett Verlag
Stuttgart · Leipzig

Die so gekennzeichneten Aufgaben sollen auf einem separaten Blatt gelöst werden.

**Hinweis:** In der Reihe „Deutschfix" erhalten Sie zudem das Schülerarbeitsheft „Deutschfix – Rechtschreibung, Zeichensetzung und Grammatik" mit Übungssoftware (Klett Bestellnummer 978-3-12-803802-5).

**Bildquellenverzeichnis** S. 4.1: Avenue Images GmbH (Ingram), Hamburg; S. 4.2: Avenue Images GmbH (Getty Images / RF), Hamburg; S. 4.3: Avenue Images GmbH (Getty Images / RF), Hamburg; S. 6.1: Corbis (Chris Carroll), Düsseldorf; S. 6.2: Bernhard Runte, Bielefeld; S. 8.1: Fotosearch RF (PhotoDisc), Waukesha, WI; S. 8.2: Getty Images (Rob Atkins), München; S. 8.3: Joker (Paul Eckenroth), Bonn; S. 9: Bernhard Runte, Bielefeld; S. 10: MEV, Augsburg; S. 14: Mester/CCC,www.c5.net; S. 16: FOCUS-Magazin 17/2005, S. 90 (Quelle: MPI Rostock) (c) Focus Magazin Verlag, München; S. 18.1: Corbis (R. Morsch /zefa), Düsseldorf; S. 18.2: Corbis (Allana Wesley White), Düsseldorf; S. 18.3: Photothek.net Gbr (by U. Grabowsky), Radevormwald; S. 18.4: Avenue Images GmbH (ImageSource / RF), Hamburg; S. 18.5: Corbis (LWA-Stephen Welstead), Düsseldorf; S. 24: StN-Grafik: acweber /Quelle: Medienpädagogischer Forschungsverbund Südwest, GfK; S. 28: Zeitschrift: Agir avec les autres, März 2003, Ansprechpartner: Ligue; S. 30: Klett-Archiv (Arnold & Domnick), Stuttgart; S. 34: Klett-Archiv (Arnold & Domnick), Stuttgart; S. 42: Bernhard Runte, Bielefeld; S. 44: Corbis (K. Hackenberg / zefa), Düsseldorf; S. 46: Getty Images (Zia Soleil), München; S. 48.1: MEV, Augsburg; S. 48.2: Getty Images RF (Photodisc), München; S. 50: MEV, Augsburg; S. 62: Das Fotoarchiv, Essen; S. 66: Visum (Markus Hanke), Hamburg; S. 70: Getty Images (Richard Ross), München; S. 76: Bilderberg (Kirchgessner), Hamburg; S. 78: ecopix Fotoagentur (Andreas Froese), Berlin; S. 79: Olaf Döring, Düsseldorf; S. 82: Avenue Images GmbH (Corbis / RF), Hamburg; S. 83: Fotosearch RF (PhotoDisc), Waukesha, WI; S. 86: Klett-Archiv (Arnold & Domnick), Stuttgart; S. 88: Klett-Archiv (U. Mezger), Stuttgart; S. 89: Klett-Archiv (David Ausserhofer), Stuttgart; S. 90: Visum (Frank Schroeter), Hamburg; S. 92.1: Avenue Images GmbH (Index Stock / Walter Bibikow / RF), Hamburg; S. 92.2: URW, Hamburg; S. 92.3: Avenue Images GmbH (Ingram Publishing), Hamburg; S. 92.4: URW, Hamburg; S. 94.1: Fotosearch RF, Waukesha, WI; S. 94.2–4: Klett-Archiv (U. Mezger), Stuttgart; S. 95.1/2: Klett-Archiv (U. Mezger), Stuttgart; S. 99.1–6: Klett-Archiv (U. Mezger), Stuttgart.

# Inhaltsverzeichnis

# Erzählen

## Eine Geschichte erzählen

**1** Zeichnen Sie Bild 2 oder schreiben Sie eine mögliche Fortsetzung der Geschichte.

Bild 1

Bild 2 oder Text
Wie geht es weiter?

**2** Notieren Sie eine Überschrift für die Geschichte.

........................................................................................................................

**3** **Kreuzen Sie an und sprechen Sie über Ihre Entscheidungen.**

| Stimmt das? | zutreffend | nicht zutreffend | nur teilweise zutreffend |
|---|---|---|---|
| • Jeder Mensch kann gut erzählen. | ❑ | ❑ | ❑ |
| • Erzählen ist wichtig für Freundschaften. | ❑ | ❑ | ❑ |
| • Wer gute Geschichten oder Witze erzählen kann, der steht im Mittelpunkt. | ❑ | ❑ | ❑ |
| • Nur Freunden sollte man etwas erzählen, nicht fremden Personen. | ❑ | ❑ | ❑ |
| • Erzählungen können Probleme bewusst machen und manchmal auch zu Lösungen führen. | ❑ | ❑ | ❑ |
| • Interessant erzählen kann man nur, wenn man lügt. | ❑ | ❑ | ❑ |
| • Durch Erzählen lernt man sich und andere besser kennen. | ❑ | ❑ | ❑ |
| • Mimik, Gestik und Aussprache machen die mündliche Erzählung interessanter. | ❑ | ❑ | ❑ |

**4** **Lesen Sie die beiden Erzählungen.**

**Erzählung 1**

Hey Leute, der Mondsee, war voll der Horror, eh. Erst mal um 5 Uhr aufstehen, eh, das musst du dir mal geben. Um 5 Uhr, nur um so 'ne Bimmelbahn zu erwischen, die irgendwo in der Pampa anhält, um uns rauszuschmeißen.

Voll derb, eh. Nach 'ner blöden Hetzjagd zum Bahnhof musst du dich dann in ein total überfülltes Abteil quetschen, voll wie ein mit Schlachtschweinen beladener Lastwagen. Und glaubst du, du könntest dich in den nächsten zwei Stunden ausruhen, ha, ha, schief gewickelt, Alter. Du stehst und hörst den Bonzen, die sitzen dürfen, beim Labern zu. Und ab und zu musst du so einem Dickbauch ausweichen, der aufs Klo will.

Dann bist du in Stuttgart angekommen, toll. Keiner hat 'nen Plan, wo es nun hingeht. Echt klasse, eh. Also erstmal dumm in der Gegend rumstehn, eh, und Bahnhofsdreck einatmen, bis du Anweisung kriegst, wo du deine drei Tonnen Gepäck hinschleppen darfst. Naja …

**Erzählung 2**

Es war ein recht kühler Samstagmorgen und 44 „Verrückte" trafen sich auf dem Bahnhof in Mühlacker. Die meisten brachen unter ihrem Gepäck fast zusammen. Als dann alle im Zug waren und die Leute langsam aufwachten, wurde die Stimmung besser.

Einige fingen an zu singen, doch ihr Gesang ging bald in lauten Zwischenrufen unter.

Als es richtig gemütlich wurde, mussten wir umsteigen. Alle freuten sich auf einen bequemen Zug, doch nichts war es. Wieder ein hoffnungslos überfüllter Zug, in den wir gerade noch reinpassten. Einige ältere Leute nervten uns, weil sie dumme Witze erzählten und ständig schallend lachten.

Am schlimmsten waren die Hitze und die stickige Luft im Abteil. Bei jedem Halt öffneten wir die Fenster, um wenigstens etwas Frischluft zu bekommen …

**PROGRAMM**

**für die Klassenfahrt der K112 und 113 zum Mondsee vom 17.–24. September 2005**

6:30 Uhr Treffen am Bahnhof in Mühlacker
6:48 Uhr Abfahrt, Gleis 1
7:14 Uhr Ankunft Stuttgart Hbf. (umsteigen)
7:22 Uhr Abfahrt Stuttgart
…

**5** **Entscheiden Sie, welche der beiden Erzählungen Ihnen besser gefällt. Begründen Sie in einigen Sätzen Ihre Meinung.**

……………………………………………………………………………………

……………………………………………………………………………………

……………………………………………………………………………………

……………………………………………………………………………………

……………………………………………………………………………………

**6** **Schreiben Sie auf, wodurch sich der Bericht über die Klassenfahrt von den beiden Erzählungen auf Seite 5 unterscheidet.**

**Bericht**

***über die Klassenfahrt der K 112 und 113 zum Mondsee***

Am Samstag, dem 17. September 2005, trafen sich 44 Schülerinnen und Schüler der Klassen K 112 und 113 mit ihren Klassenlehrern am Bahnhof in Mühlacker. Pünktlich um 6:48 Uhr erfolgte die Abfahrt zunächst nach Stuttgart, wo man umsteigen musste ...

| **Kennzeichen der Erzählungen** | **Kennzeichen des Berichts** |
|---|---|
| | |
| | |
| | |
| | |

**7** **Schreiben Sie eine Geschichte nach dem folgenden Erzählplan. Sie können in Ihrer Geschichte den Höhepunkt (Jolandas Tod; siehe Erzählanfang 1) an den Anfang stellen oder gegen Ende erzählen. (In diesem Fall eignet sich Erzählanfang 2).**

**Erzählplan:**
- Jolanda, frühere Klassenkameradin: schüchtern, freundlich
- gerät in falschen Freundeskreis
- nimmt Drogen
- bricht Schule ab
- erhält Geld von den Eltern, später erfolgt andere Geldbeschaffung
- HIV-infiziert
- schneller Krankheitsverlauf
- Tod
- Freund ebenfalls HIV-positiv

**Erzählanfang 1**

Vor einigen Monaten fiel mir in den Todesanzeigen der Zeitung durch Zufall der Name einer ehemaligen Mitschülerin auf. Ich konnte es kaum glauben. Schnell rief ich zwei frühere Klassenkameradinnen an, die ebenso erschüttert und ergriffen waren. Wir beschlossen, zu der Trauerfeier zu gehen, die an unserer früheren Schule stattfand. Die Kunstlehrerin, eine enge Vertraute von Jolanda – so hieß unsere ehemalige Mitschülerin – erzählte ihren Lebenslauf.
Jolanda war früher sehr schüchtern, zurückhaltend, aber offen für Freunde und die Natur ...

**Erzählanfang 2**

Jolanda wirkte immer etwas schüchtern. Ihre langen Haare verdeckten ihr Gesicht, wenn sie schrieb. Aber sie war immer freundlich, hatte stets ein Lächeln auf ihren Lippen, wenn man sie etwas fragte.
Sie war nicht gerade ein Star in der Klasse, hatte aber auch keine Feinde. Sie blieb eher zurückhaltend, unauffällig, bis sie eines Tages immer häufiger fehlte ...

**8** Erstellen Sie einen Erzählplan für eine Kriminalgeschichte mit diesen Stichworten.

Frau · Wohnungstür · Hilfe · Nachbar · Zettel

Gespräch · Geräusch · Verabschiedung · Schatten · Entsetzen

Geld · Verdacht · Polizei

**9** Wechseln Sie im Satzbau durch Wortumstellungen und Ergänzungen ab.

**A)** Er musste doch pünktlich sein. Es stand viel auf dem Spiel. Die Chefin konnte Schlamperei nicht leiden.

Beispiel: *Er musste doch pünktlich sein.*
*Gerade heute, wo doch so* (→ Ergänzung) *viel auf dem Spiel stand.*
*Schlamperei konnte* (→ Umstellung) *die Chefin nicht leiden.*

**B)** Ich saß vor dem Fernseher. Das Telefon klingelte. Ich hatte keinen Anruf mehr erwartet. Ich nahm nicht ab. Ich wollte nicht gestört werden.

.......................................................................

.......................................................................

.......................................................................

.......................................................................

.......................................................................

**C)** Ich machte es mir im Sessel gemütlich. Es waren nur wenige Minuten vergangen. Ein lautes Krachen war aus dem unteren Stockwerk zu hören. Ich holte die Fernbedienung und stellte den Ton ab. Ich öffnete das Fenster zum Hof. Eine Gestalt oder auch nur ein Schatten huschte um die Ecke. Es war ziemlich dunkel. Ich konnte nichts Genaues sehen.

.......................................................................

.......................................................................

.......................................................................

.......................................................................

.......................................................................

.......................................................................

.......................................................................

.......................................................................

.......................................................................

**10** Setzen Sie passende Verben (Tätigkeitswörter) im Präteritum (Vergangenheit) ein.

~~behaupten~~ • erröten • umschwärmen • ansehen • schminken • benutzen • lieben • verehren • ärgern • mögen

Niemand *behauptete,* dass Timo Nadine ____________. Nadine aber ____________ ihn wie verrückt. Sie ____________ literweise Parfüm, ____________ sich nur für ihn, ____________ sich aber über sein plumpes Verhalten und ____________ jedes Mal, wenn er sie ____________. Nadine ____________ Timo auf kindliche Weise. Am meisten ____________ sie sein unbekümmertes Wesen.

**11** **Schreiben Sie passende Adjektive (Eigenschaftswörter) in die Lücken.**

Ganz anders war Andreas. Er kam aus einer ärmlichen Familie vom Lande. Seine Eltern waren ____________ und nicht sehr ____________. Sie erfreuten sich an den ____________ Dingen des Lebens und waren zufrieden mit dem ____________ Hab und Gut, das sie besaßen.

Andreas machte sich ____________ von ihnen und zog in die ____________ Großstadt. Er war ________, äußerst ____________, handwerklich ____________ und ________.

**12** **Ersetzen Sie die unterstrichenen Wörter durch nähere Angaben. Lassen Sie Ihre Fantasie zur Geltung kommen.**

A) Das Programm war voll gut.

Beispiel: Das Programm war genau so, wie wir es uns wünschten. Für jeden war etwas dabei. Wir konnten tun, was uns Spaß machte. Nicht ein einziges Mal war es uns langweilig.

B) Die Nächte waren voll lustig, wenn wir zusammen waren.

..........

C) Mein Zimmergenosse Holger war total nett und ist auch nicht ausgerastet wegen meiner Unordnung.

..........

D) Auch das Zimmer war voll super.

..........

**13** **Ordnen Sie die Adjektive (Eigenschaftswörter) in einer sinnvollen Reihenfolge von 1 bis 10.**

Beispiel:

**A) Temperatur**

| | |
|---|---|
| sibirisch kalt | 1 |
| grimmig kalt | 2 |
| kühl | 6 |
| frostig | 4 |
| siedend heiß | 10 |
| eiskalt | 3 |
| lauwarm | 7 |
| warm | 8 |
| heiß | 9 |
| kalt | 5 |

**B) Abstand**

knapp
gering
groß
ausreichend
klein
riesig
weit
genügend
übermäßig
winzig

**C) Stimmung**

ausgelassen
mies
echt gut
bedrückend
toll
seltsam
geil
prima
komisch
gespannt

**14** Füllen Sie die Sprechblasen aus. Was reden die beiden miteinander?

**15** Schreiben Sie die Aussagen von Aufgabe 14 als zusammenhängenden Text auf.
Setzen Sie die Zeichen bei der wörtlichen Rede nach folgendem Muster.

**Beispiel:**

*„Tickst du nicht ganz richtig?“, fragte der Beifahrer.*
*„Doch“, sagte der Autofahrer, „aber das Auto nicht.“*

**16** Fügen Sie Vergleiche ein.

**Beispiel:**

Das Wasser lief die Wand herunter wie *ein Sturzbach* ..................................................

Danach schaute er mich an wie ..................................................

Gefangen war er wie ..................................................

Sie benahmen sich wie ..................................................

Eingerichtet war die Disko wie ..................................................

Ich fühlte mich von ihr angezogen wie ..................................................

**17** **Spiel:** Ein Substantiv (Hauptwort) wird genannt. Die anderen sollen möglichst viele Adjektive (Eigenschaftswörter) finden, die zu diesem Substantiv passen. Wer die meisten Adjektive nennen kann, gewinnt!

**Beispiel:**

Substantiv: *Wiese*

Mögliche Adjektive: *saftig, satt, ausladend, steil, sanft, flach, strotzend, grün ...*

**18** **Setzen Sie die Wörter aus dem Wörterturm in die Lücken ein. Schreiben Sie die Substantive (Hauptwörter) groß und die Verben (Tätigkeitswörter) klein.**

UHRLIEGE
BETTTRÄU
MEGETROM
MELTÜR
STIMME
MORGENZEITGLAUBEN
MORGENVER
SUCHEMI
NUTENVOR
GANGBETT
SCHÜTTE
WASSERGE
SICHTJOG
GENMAGEN
LEHRER
WALDFRÜH
SPORTPULS
FRÜHSTÜCKS
TISCH
STÄRKE

Es ist 6:30 ______, ich ________ in meinem ________ und __________.
Plötzlich ist ein ________________ an der ______ und ich höre eine liebliche ____________, die sagt: „Guten ____________, es ist ____________ aufzustehen."
Ich kann nicht ____________, dass es schon ____________ ist; also ____________ ich weiterzuschlafen. Allerdings vergeblich, denn fünf ____________ später wiederholt sich der ganze ____________.
Ich quäle mich aus dem _____, ____________ mir ____________ ins ____________ und ziehe mich an. Wie schön, endlich darf ich ________ gehen.
Mit nüchternem ____________ werden wir von unserem dynamischen ________ durch den ____________ gescheucht, das nennt sich dann ____________.
Mit einem ____________ von 200 setze ich mich danach an den ________________ und ____________ mich.

**19** **Schreiben Sie die Sätze im Präteritum auf.**

| Sätze im Perfekt (vollendete Gegenwart) | Sätze im Präteritum (Vergangenheit) |
|---|---|
| Ich habe einfach nicht einschlafen können. Die Nacht vor meinem ersten Tag in der Firma habe ich sehr unruhig geschlafen. Ich habe mich von einer Seite auf die andere gewälzt. Viele Bilder sind mir durch den Kopf gegangen. Erst kurz vor vier bin ich fest eingeschlafen. Was für ein Schlag, als der Wecker geklingelt hat. Ruckartig bin ich aufgestanden, habe mich geduscht und angezogen. | **Beispiel:** *Ich konnte einfach nicht einschlafen.* ........ |

**20** a) **Spiel:** **Würfeln Sie für jede der 8 Wortlisten je einmal mit zwei Würfeln. Sie erhalten dann jeweils eine Zahl zwischen 2 und 12. Schreiben Sie die entsprechenden Wörter auf.**

**Beispiel:**
Gewürfelte Zahlen: *6 – 5 – 7 – 10 – 2 – 3 – 10 – 12*

Wörter: *jung – Abteilungsleiterin – Bushaltestelle – Kiste – erhalten Unwetter – Briefträger – in Verlegenheit bringen*

**b) Stellen Sie den Erzählplan für Ihre Geschichte vor.**

**Beispiel:**

*„Meine Geschichte handelt von einer jungen Abteilungsleiterin, die an einer Bushaltestelle eine Kiste erhielt und bei einem schweren Unwetter den Briefträger in Verlegenheit brachte.“*

**c) Wählen Sie einen der vorgestellten Erzählpläne und schreiben Sie eine vollständige Geschichte. Erfinden Sie eine Überschrift.**

**Wortliste 1**

2 berühmt
3 streitsüchtig
4 hilfsbereit
5 arm
6 jung
7 blond
8 geduldig
9 ehrgeizig
10 zuverlässig
11 fleißig
12 ruhig

**Wortliste 2**

2 Radfahrerin
3 Automechaniker
4 Geldbote
5 Abteilungsleiterin
6 Nachtwächter
7 Trainerin
8 Ausländerin
9 Arzt
10 Geschäftsfrau
11 Hellseher
12 Verbrecher

**Wortliste 3**

2 Mülldeponie
3 Schulhof
4 Kino
5 Toilette
6 Parkplatz
7 Bushaltestelle
8 Strand
9 Berggipfel
10 Aufzug
11 Intercity
12 Parkbank

**Wortliste 4**

2 Halskette
3 Nachricht
4 Kugelschreiber
5 Brief
6 Geldschein
7 Handtasche
8 Paket
9 Gürtel
10 Kiste
11 Mantel
12 Goldbarren

**Wortliste 5**

2 erhalten
3 verlieren
4 mitnehmen
5 wegbringen
6 übermitteln
7 suchen
8 verstecken
9 finden
10 stehlen
11 aufbewahren
12 verkaufen

**Wortliste 6**

2 Geheimtreffen
3 Unwetter
4 Nacht
5 Frühstück
6 Konzert
7 Autobahn
8 Feuerwehrfest
9 Hotel
10 Marktplatz
11 Versammlung
12 Kuhstall

**Wortliste 7**

2 Autofahrer
3 Vermieterin
4 Geselle
5 Partnerin
6 Landwirt
7 Chef
8 Apothekerin
9 Krankenschwester
10 Briefträger
11 Angestellter
12 Pförtner

**Wortliste 8**

2 kennen lernen
3 interviewen
4 erschießen
5 beobachten
6 beschimpfen
7 einsperren
8 aushorchen
9 umarmen
10 begegnen
11 beleidigen
12 in Verlegenheit bringen

## Wichtiges in Kürze: Erzählen

| | |
|---|---|
| **Vorüberlegungen** | • Erzählplan (Ablauf des Geschehens) ausdenken<br>• Höhepunkt festlegen |
| **Aufbau der Erzählung** | 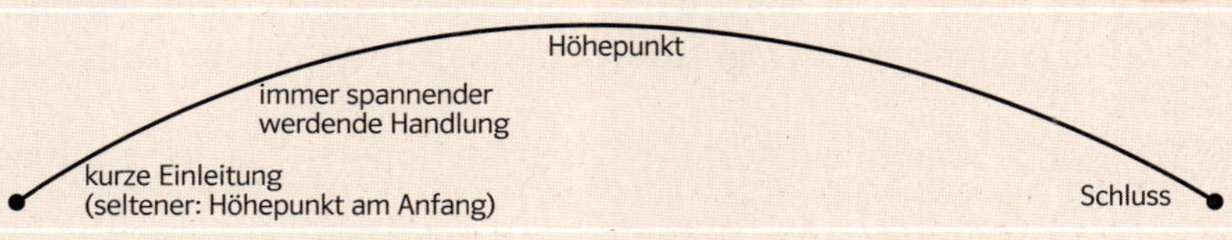  |
| **Zeitform** | Meistens Präteritum |
| **Wie man erzählt** | • Lebendig, spannend und abwechslungsreich<br>• Treffende Adjektive (Eigenschaftswörter) und Verben (Tätigkeitswörter) benutzen<br>• Gefühle und Gedanken ausdrücken<br>• Wörtliche Rede und Vergleiche verwenden<br>• Beim Satzbau abwechseln |

# Lesen und verstehen

## Einen Zeitungskommentar lesen und verstehen

**1** **Lesen Sie den folgenden Text.**

*Siegmund Kopitzki*

### Die Lust am Lesen

Das ist unsere freundliche Schlagzeile zum Tag des Buches: Im abgelaufenen Jahr ist die Zahl der Buchkäufer zum ersten Mal seit 1996 wieder auf 35,3 Millionen gestiegen. Für die Branche ein Grund zur Freude. Zumal ihr zwischen 1999 und 2003 etwa 7,5 Millionen Käufer verloren gegangen sind.

Doch die Feststimmung hält sich in Grenzen. Der Stopp des bisherigen Rückgangs auf dem Literaturmarkt ist vielleicht nur ein kurzlebiges Strohfeuer. Es bleibt abzuwarten, inwieweit die neuen Käufer auch nachhaltig gewonnen wurden. Von Trendwende wagt derzeit niemand zu sprechen.

Zudem: Wer Bücher kauft, muss sie nicht unbedingt lesen. Als Dekor-Ware machen sich repräsentative[1] Buchausgaben immer noch schön. Sicher ist, dass das klassische Buch in der modernen Wissensgesellschaft im Wettbewerb mit anderen neuen Medien an Bedeutung verloren hat. Viele potenzielle[2] Buchkäufer weichen auf andere Felder aus. Großes Stichwort: Internet. Der literarisch Interessierte greift womöglich (noch) auf das Hörbuch zurück. Es ist das zeitgemäße Angebot fürs Auto, für den bequemen Leser oder aber für den Analphabeten. Das Hörbuch ist ein Wachstumsmarkt, der zugleich die Welt der Kinder und die der Erwachsenen im Visier hat.

Hinter der in solchen Zusammenhängen immer wieder geäußerten Meinung vom Bedeutungsschwund der Literatur muss jedoch ein dickes Fragezeichen gesetzt werden. Sie lebt – auch wenn sich diese Tatsache nicht immer in den Bestsellerlisten niederschlägt.

Gibt's also keinen Anlass, am Welttag des Buches zu jammern? Doch, gibt es. Laut PISA liegt in Deutschland der Anteil der Fünfzehnjährigen, die angeben, überhaupt nicht zum Vergnügen zu lesen, bei 42 Prozent und wird damit von keinem andern Land übertroffen. Bei Jungen liegt der Anteil sogar bei 52 Prozent. Sie sitzen lieber am Computer. Deutschlehrer klagen, sie kämen an sie kaum noch heran. Unter dem männlichen Nachwuchs gelte Lesen als streberhaft, weibisch, uncool.

Woher diese Verweigerungshaltung kommt? Leseforscher meinen, von unserer gutbürgerlichen Tradition, in der korrektes Lesen als etwas Ernstes, Elitäres[3], jedenfalls als etwas gilt, das wenig Spaß zu bringen hat. Comics, Fantasy und Mangas kämen aber den Interessen der Jugendlichen mehr entgegen.

Vielleicht sollten wir unsere Scheu vor Trash[4] einmal überwinden und zum Welttag des Buches mehr Spaß und weniger Botschaft verschenken? Dann stiege womöglich nicht nur die Zahl der Buchkäufer, sondern auch die Lust am Lesen.

*ALB-BOTE, 23.04.2005*

1) repräsentativ = wirkungsvoll
2) potenziell = möglich
3) elitär = einer auserlesenen Gruppe der Besten angehörend
4) Trash = Schund, Ramsch

**2**

**a) Markieren Sie die Textstelle, auf die sich die folgende Aussage jeweils bezieht.**
**b) Entscheiden Sie dann, welche Aussagen den Inhalt des Textes nicht richtig wiedergeben und streichen Sie diese durch.**
**c) Begründen Sie jeweils, warum die Aussage falsch ist. Notieren Sie drei Begründungen.**

1 Der Artikel wurde aus Anlass des Tages des Buches geschrieben.

2 ~~Der Autor des Textes berichtet, dass im Jahre 2005 erstmals seit 5 Jahren mehr Bücher verkauft wurden als jeweils in den Jahren zuvor.~~

3 Der Autor ist sich nicht sicher, ob das Interesse an Büchern gestiegen ist.

4 Wer ein Buch kauft, liest es auch, meint der Autor.

5 Im Text heißt es, dass Bücher manchmal nur zur Dekoration gekauft werden.

6 Der Autor behauptet, dass Bücher gegenüber anderen Medien unbedeutender geworden sind.

7 Hörbücher passen nicht in die heutige Zeit, meint der Autor.

8 Vor allem Kinder und Erwachsene greifen zu Hörbüchern.

9 Der Autor bezweifelt, dass Literatur an Bedeutung verloren hat.

10 52 Prozent der Jugendlichen in Deutschland haben laut der PISA-Studie keinen Spaß am Lesen.

11 Lesen gilt als männlich und cool.

12 Traditionell hat man bei uns immer Lust am Lesen empfunden.

13 Comics, Fantasy und Mangas verderben den Geschmack der Jugendlichen, stellt der Autor fest.

14 Der Autor empfiehlt, dass wir Bücher verschenken, die Lesen mit Spaß verbinden.

**Begründungen:**

**Beispiel:**

*Die Aussage 2 ist falsch, weil im Text steht, dass im „abgelaufenen Jahr", also 2004, nicht 2005, „die Zahl der Buchkäufer ... gestiegen" sei.*

**3** **Führen Sie diese Sätze mit Inhalten aus dem Text (siehe Aufgabe 1) fort.**

*1 Das Buch hat in der heutigen Gesellschaft* ......

*2 Zum Vergnügen lesen unter den 15-Jährigen* ......

*3 Für Jugendliche gibt es durchaus Lesestoff, der* ......

**4** **Kreuzen Sie an, wozu der Autor in seinem Text (siehe Aufgabe 1) auffordert.**

- ☐ 1 Man sollte weniger im Internet surfen.
- ☐ 2 Die Deutschlehrer sollten die Jugendlichen mehr lesen lassen.
- ☐ 3 Als anerkannte Literatur sollten auch solche Produkte gelten, die vor allem Spaß beim Lesen bereiten.
- ☐ 4 Lesen muss eine ernste Angelegenheit sein.
- ☐ 5 Man sollte zum Welttag des Buches eher Lesestoff verschenken, der Jugendlichen Spaß macht beim Lesen, als Lesestoff, der inhaltlich tiefgründig ist.

**5** **Notieren Sie in einem Satz, was Ihrer Meinung nach den Autor in diesem Artikel am meisten besorgt.**

......

......

# Eine Karikatur verstehen

**6** **Betrachten Sie die Karikatur genau.**

*Aus: Anstöße Politik, Ernst Klett Schulbuchverlag, Leipzig 2005, S. 196*
*Zeichnung: Gerhard Mester*

**7** **Markieren Sie, auf welche Thematik sich diese Karikatur (siehe Aufgabe 6) bezieht.**

**1** Die Situation der Armen in der Welt

**2** Das Verhalten eines Mannes vor dem Schlafengehen

**3** Die Probleme der Länder der 3. Welt

?

**4** Den Inhalt eines Abendgebetes

**5** Das Verhalten von Menschen aus reichen Ländern gegenüber Menschen aus armen Ländern

**6** Die Angst vor Einbrechern

**8** **Kreuzen Sie an, gegen wen sich die Kritik in der Karikatur (siehe Aufgabe 6) vor allem richtet.**

❑ 1 Menschen aus armen und von Krieg, Bürgerkrieg oder Menschenrechtsverletzungen betroffenen Ländern

❑ 2 Menschen aus reichen Ländern, die sich gegen Probleme anderer Völker abschotten

❑ 3 Politikerinnen und Politiker

❑ 4 Erwachsene

**9** **Formulieren Sie in zusammenhängenden Sätzen, welches Verhalten in dieser Karikatur (siehe Aufgabe 6) kritisiert wird.**

.............................................................................................................................................

.............................................................................................................................................

.............................................................................................................................................

.............................................................................................................................................

.............................................................................................................................................

.............................................................................................................................................

.............................................................................................................................................

**10** **Kreuzen Sie an, welche Aussage zutrifft.**

❑ „Karikatur" ist ein anderes Wort für Charakterzug.

❑ Das Wort „Karikatur" kommt aus dem Italienischen und heißt „übertreiben".

❑ Das Wort „Karikatur" wird gebraucht, wenn man jemanden vor den Karren spannt.

**11** **Streichen Sie die Sätze durch, die nicht zum Wesen einer Karikatur gehören.**

1 Eine Karikatur zeichnet ein verzerrtes Bild von der Wirklichkeit.

2 Eine Karikatur zeichnet die Wirklichkeit genau nach und ist damit leicht verständlich.

3 Eine Karikatur betont einzelne Charakterzüge besonders stark und wirkt dadurch fast wie Spott.

4 Mit einer Karikatur soll oft auch Kritik geübt werden.

5 Die Karikatur deckt menschliche Schwächen oder politische und soziale Missstände auf.

6 Die Karikatur will schwer verständliche Vorgänge in der Politik in einem Bild darstellen, sodass das Verstehen erleichtert wird.

7 Eine Karikatur enthält nie einen Text.

# Ein Interview lesen und die Aussagen begreifen

**12** **Lesen Sie das folgende Interview.**

## „130 Jahre scheinen möglich“

*Die maximale Lebensspanne des Menschen ist noch nicht in Sicht, meint Max-Planck-Forscher James Vaupel*

FOCUS: Ihre Studien ergaben, dass die Menschen in den meisten Industriestaaten alle zehn Jahre um 2,5 Jahre älter werden. Wann ist eine Grenze erreicht?

Vaupel: Wir haben uns die Daten der Länder mit der höchsten Lebenserwartung angesehen. 1840 wurden Schwedinnen im Durchschnitt 45, das war weltweit führend. Heute sind Japanerinnen mit 85,3 Jahren an der Spitze. Das heißt, in 165 Jahren hatten wir eine Zunahme um 40,3 Jahre. Dieser Trend ist linear. Es gibt keinen Grund anzunehmen, dass sich das ändert.

FOCUS: Welche Lebenserwartung haben Neugeborene heute?

Vaupel: Mindestens jedes zweite neugeborene deutsche Baby wird womöglich 100 Jahre oder sogar noch älter werden.

FOCUS: Was lässt uns unaufhaltsam altern, wo ist eine Grenze?

Vaupel: Wir haben heute eine so gute medizinische Versorgung, dass unsere Lebenserwartung dramatisch ansteigt. Deshalb bleiben wir auch immer länger gesund. 125 oder 130 Jahre Lebenserwartung scheinen deshalb in Einzelfällen möglich. Eine Grenze ist nicht in Sicht.

FOCUS: Kann man den Gesundheitszustand von 60-Jährigen heute und vor einem halben Jahrhundert vergleichen?

Vaupel: Bei 60- und 70-Jährigen sehen wir eindeutig: Sie sind heute so gesund und fit, wie es früher 50- und 60-Jährige waren. Es ist wirklich ganz erstaunlich, aber die Leute sind heute im Schnitt in einem Gesundheitszustand, der zehn bis zwölf Jahre Jüngeren entspricht.

FOCUS: Sind die Leute in jeder Beziehung langsamer gealtert?

Vaupel: Bei einigen Krankheiten wie etwa Arthritis hat sich nichts verbessert, und Frauen kommen nach wie vor mit etwa 50 Jahren in die Menopause. Aber davon abgesehen, ist die physische und psychische Fitness von Senioren heute viel besser, als wir das noch von unseren Eltern und Großeltern kennen.

FOCUS: Das Renteneintrittsalter um einige Jahre nach oben zu verlegen dürfte dann kein Problem sein.

Vaupel: Für die meisten dürfte es sogar ganz gut sein, erst mit 66, 67 oder noch später in Rente zu gehen, weil sie leistungsfähig sind und das zu dem modernen Selbstbild eines reifen, gleichwohl aktiven Menschen gehört. In einigen Berufen mit schwerer körperlicher Arbeit könnte es jedoch problematisch sein. Bauarbeiter beispielsweise werden wohl früher in Rente gehen.

FOCUS: Wie groß ist der Anteil der Vererbung, möglichst lange zu leben?

Vaupel: Die potenzielle Lebenserwartung ist zu 25 Prozent vererbt, der große Rest ist eine Frage des Lifestyles und der medizinischen Versorgung.

FOCUS: Die Evolution hat Menschen nicht für ein langes Leben ausgestattet, wenn man an die Altersdemenz, die Zähne oder Gelenke denkt.

Vaupel: Ja, in den Jahrmillionen der Menschheitsgeschichte hat es gereicht, wenn jedes zweite Baby das erste Lebensjahr überlebt hat und wir durchschnittlich 25 bis 30 Jahre alt wurden, um unsere Kinder durchzubringen. Gesund zu altern haben wir also nicht in unseren Genen. Das gesunde Altern, das wir heute beobachten, ist eine soziale und naturwissenschaftliche Errungenschaft.

*Focus 17 / 2005, S. 90f.*

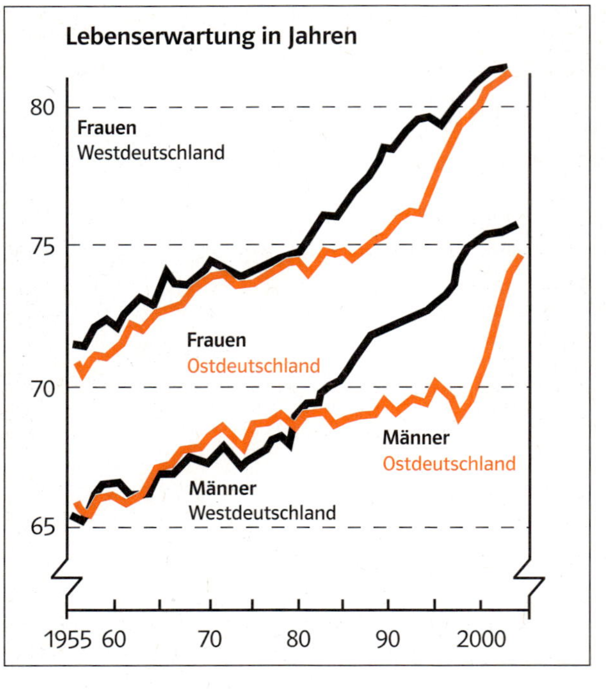

**13** **Kreuzen Sie an, welche der folgenden Aussagen richtig sind.**

❑ 1 Studien am Max-Planck-Institut in Rostock haben ergeben, dass die Menschen in den meisten Industrieländern alle 10 Jahre um 2,5 Jahre älter werden.

❑ 2 Studien haben gezeigt, dass alle Menschen in 100 Jahren 25 Jahre älter werden können.

❑ 3 Es könnte sein, dass die Menschen bald keine höhere Lebenserwartung mehr haben können.

❑ 4 60-Jährige sind heute so gesund wie früher 50-Jährige.

❑ 5 Einige Krankheiten bekommt man heute im gleichen Alter wie früher.

❑ 6 Wie lange jemand lebt, ist erblich festgelegt.

❑ 7 Die Lebenserwartung von Männern und Frauen unterscheidet sich heute nicht mehr.

**14** **Markieren Sie die Aussagen, die dem Inhalt des Textes (siehe Aufgabe 12) entsprechen.**

A) Die Aussagen über die zunehmende Lebenserwartung beziehen sich
❑ 1 auf die ganze Welt.
❑ 2 auf Deutschland.
❑ 3 auf die Industriestaaten.

B) Dass Menschen in Industrieländern durchschnittlich immer älter werden,
❑ 1 hört demnächst auf.
❑ 2 ist auch in Zukunft möglich.
❑ 3 ist wissenschaftlich nicht bewiesen.

C) Die Lebenserwartung eines Menschen
❑ 1 ist nur zu einem Viertel erblich festgelegt.
❑ 2 ist nur abhängig vom Lebensstil und den Essgewohnheiten.
❑ 3 hängt nur vom Alter der Eltern ab.

D) Die Lebenserwartung von Männern und Frauen
❑ 1 wird in 10 Jahren gleich sein.
❑ 2 ist nur in Ostdeutschland unterschiedlich.
❑ 3 unterscheidet sich auch in Zukunft.

**15** **Notieren Sie in vollständigen Sätzen zwei Gründe, warum wir heute in Deutschland im Durchschnitt länger leben als vor 50 Jahren.**

## Wichtiges in Kürze: Lesen und verstehen

### Einen Text lesen
**5-Schritt-Lesetechnik**

1. Überfliegen Sie den Text zunächst und finden Sie heraus, worum es im Text geht.
2. Lesen Sie den Text sorgfältig und markieren Sie Wichtiges.
3. Schlagen Sie unbekannte Wörter und Begriffe nach oder fragen Sie nach.
4. Fassen Sie die Inhalte der einzelnen Abschnitte zusammen oder notieren Sie die wesentlichen Aussagen in Stichworten am Rand des Textes.
5. Ermitteln Sie die Absicht der Autorin/des Autors des Textes und überprüfen Sie anhand Ihrer bisherigen Textarbeit, ob Ihr Ergebnis richtig ist.

### Eine Karikatur verstehen

1. Betrachten Sie die Karikatur genau.
2. Lesen Sie die Überschrift(en), Zahlenangaben und die Bemerkungen dazu sehr sorgfältig.
3. Notieren Sie, was die einzelnen Teile des Schaubildes beinhalten.
4. Kontrollieren Sie, ob Ihre Notizen mit den Inhalten des Schaubildes übereinstimmen.
5. Formulieren Sie die Hauptaussage(n) der Karikatur.

# Inhalte wiedergeben

## Aussagen wiedergeben

**1** **Lesen Sie die Ausssagen.**

**Andreas:**
„Ein Auto brauche ich schon. Wie soll ich sonst am Wochenende aus meinem Provinznest herauskommen?“

**Ben:**
„Ich bekomme 50 Euro Taschengeld pro Woche, aber meine Mutter zahlt fast alles für mich.“

**Lukas:**
„Von meiner Ausbildungsvergütung muss ich 80 Euro pro Monat an meine Eltern abgeben.“

**Nadine:**
„Wozu gibt es ein Jugendarbeitsschutzgesetz? Mehr als 8 Stunden pro Tag arbeite ich nicht!“

**Daniela:**
„Mit dem, was ich verdiene, kann ich mir keine eigene Wohnung leisten.“

**2** **Ordnen Sie die Themen richtig zu und streichen Sie die unpassenden Themen. Über welche Themen reden die Jugendlichen?**

Lukas
Ben
Daniela
Andreas
Nadine

**Themen:**
- Taschengeld
- Monatsmiete
- Notwendigkeit eines Autos auf dem Lande
- Jugendarbeitsschutzgesetz
- Verhältnis: Verdienst/Wohnkosten
- Maximale tägliche Arbeitszeit
- Monatliche Abgabe an die Eltern
- Notwendigkeit eines Autos
- Geringer Verdienst

## 3 Rahmen Sie den Text ein, der die Aussage (siehe Seite 18) richtig wiedergibt. Markieren Sie in dem anderen Text die Stellen, die die Aussage verfälschen.

**Beispiel:**

A)
1 Lukas beklagt sich, dass er 80 Euro pro Monat an seine Eltern abgeben muss.

2 Lukas sagt, dass er 80 Euro pro Monat an seine Eltern abgeben muss.

B)
1 Ben sagt, er bekomme 50 Euro Taschengeld, aber seine Mutter trage fast alle Unkosten.

2 Ben sagt, er bekomme relativ wenig Taschengeld, dafür zahle seine Mutter fast alles.

C)
1 Nadine teilt mit, dass sie nicht länger arbeite, als gesetzlich vorgesehen sei.

2 Nadine teilt mit, sie habe keine Lust, auch noch abends zu arbeiten.

D)
1 Andreas behauptet, dass er keine Freunde mit Auto habe. Deshalb brauche er ein Auto, um aus seinem Provinznest herauszukommen.

2 Andreas behauptet, dass er ein Auto brauche, um am Wochenende aus seinem Provinznest herauszukommen.

E)
1 Daniela behauptet, dass sie so wenig Geld verdiene, dass sie sich niemals eine eigene Wohnung leisten könne.

2 Daniela behauptet, dass sie nicht genügend verdiene, um sich eine eigene Wohnung leisten zu können.

## 4 Kreuzen Sie die Aussage an, die den Text richtig wiedergibt.

A) Tim: „Ich brauche ein eigenes Zimmer."

- ❑ 1 Tim braucht ein eigenes Zimmer.
- ❑ 2 Tim behauptet, er habe bis jetzt kein eigenes Zimmer.
- ❑ 3 Tim ist auf ein eigenes Zimmer angewiesen.
- ❑ 4 Tim behauptet, er brauche ein eigenes Zimmer.

B) Kerstin: „Den Führerschein macht heute doch jeder."

- ❑ 1 Kerstin kennt niemanden, der keinen Führerschein hat.
- ❑ 2 Kerstin sagt, sie mache den Führerschein wie alle anderen auch.
- ❑ 3 Kerstin sagt, dass heutzutage jeder den Führerschein mache.
- ❑ 4 Jeder macht den Führerschein heute.

C) Silke: „Marion, wenn du willst, kannst du bei mir übernachten."

- ❑ 1 Marion will bei Silke übernachten.
- ❑ 2 Silke sagt, Marion könne bei ihr übernachten.
- ❑ 3 Marion kann nicht bei Paul übernachten.
- ❑ 4 Silke sagt, Marion solle bei ihr übernachten.

# Zeitungstexte wiedergeben

**5** **Lesen Sie den Zeitungstext.**

**Millionen Kinder schuften weltweit für einen Hungerlohn**

[...] Nach umfassenden Untersuchungen in Indien, Ghana, Indonesien und im Senegal kommt die Internationale Arbeitsorganisation (ILO) zum Schluss: Allein in diesen Ländern muss mindestens jedes vierte Kind schuften, für einen Hungerlohn und meist mehr als neun Stunden täglich, sechs oder sieben Tage die Woche. Wahrscheinlich 200 Millionen Kinder rackern weltweit in der Landwirtschaft oder in Bergwerken, Zündholzfabriken oder Teppichwebereien. Andere kämpfen als Straßenhändler, Abfallsammler, Hausangestellte oder Schuhputzer ums Überleben. ILO-Vertreter betonten, dass zwar die meisten Kinder in Asien ausgebeutet werden, das Problem aber nahezu weltweit anzutreffen sei. [...]

*Cannstatter Zeitung, 04./05.04.1996*

**6** **Kennzeichnen Sie, welche Sätze den Inhalt des Zeitungstextes richtig (r), welche falsch (f) wiedergeben. Markieren Sie die Stellen im Zeitungstext, die Ihre mit (r) gekennzeichneten Sätze belegen.**

A) ❑ Das Problem der Kinderarbeit gibt es auf der ganzen Welt.

B) ❑ Das Problem der Kinderarbeit gibt es nur in Asien und in einigen Ländern Afrikas.

C) ❑ Die Kinder arbeiten 6 bis 7 Stunden täglich.

D) ❑ Mindestens jedes vierte Kind in Indien, Ghana, Indonesien und im Senegal arbeitet oft über 9 Stunden pro Tag.

E) ❑ In Asien und Afrika gibt es 200 Millionen Kinder, die regelmäßig arbeiten.

F) ❑ Vermutlich gibt es 200 Millionen Fälle von Kinderarbeit in der Welt.

**7** **Schreiben Sie die Arbeitsbereiche und Tätigkeiten der Kinder auf (siehe Aufgabe 5).**

Arbeitsbereiche: ..............................

Tätigkeiten: ..............................

**8** **Fassen Sie den Inhalt des Zeitungstextes oben in wenigen vollständigen Sätzen zusammen.**

*Laut einem Bericht der Cannstatter Zeitung vom 04./05.04.1996 ...*

..............................

# Literarische Texte wiedergeben

**9** **Lesen Sie den Text sorgfältig.**

*Peter Härtling*

## Der gelbe Junge

***Peter Härtling, geboren 1933 in Chemnitz, aufgewachsen in Sachsen, Mähren, Österreich und Württemberg, arbeitete als Journalist und Herausgeber und war Mitarbeiter eines Verlages. Härtling lebt heute in Hessen und schreibt Bücher für Kinder und Erwachsene.***

Mark bekam seine Eltern ganz anders als die Kinder sonst. Er wurde von seiner Mutter nicht geboren: Er war schon fünf, als er sie kennen lernte. Und er hat ganz anders geheißen. Er ist nämlich in Vietnam zur Welt gekommen, mitten im Krieg*. Von seinem Vater wusste man nichts mehr; er war im Krieg verschollen – wahrscheinlich hatte ihn eine Kugel oder Granate getroffen. Als um das Dorf gekämpft wurde, floh seine Mutter mit ihm und seinen vier Geschwistern. Sie liefen mit vielen anderen Menschen auf der Straße und wussten eigentlich nicht wohin. Überall im Land war Krieg.
Ein Flugzeug kam tief herunter und schoss in den Menschenzug hinein. Die Mutter wurde getroffen, stürzte hin und starb. Die Kinder blieben bei ihr, hockten sich neben sie, weinten. Andere Leute packten sie und zerrten sie mit. In irgendeiner Stadt wurden sie in einem Heim abgegeben. Damals war Mark drei Jahre alt. Seine Geschwister kamen mit der Zeit in andere Heime. Er blieb allein, vergaß allmählich alles – nur manchmal träumte er noch davon, wie die Mutter im Straßenstaub lag. Dann heulte er im Schlaf, wachte davon auf und eine Schwester musste ihn beruhigen. Das war nicht einfach. Der Schrecken saß tief in ihm.
Nach zwei Jahren, in denen er immer wieder krank war, brachte ihn eine Schwester zu einem großen Flugzeug, in dem er mit anderen vietnamesischen Kindern in ein fernes Land flog, wo neue Eltern auf ihn warteten. Er hatte Angst vor alldem.
Alles war anders als zu Hause. Es gab keinen Krieg. Niemand fürchtete sich vor Bomben. Die neuen Eltern waren bleichhäutig und viel größer als seine ersten Eltern. Sie schüchterten ihn ein. Aber sie waren freundlich zu ihm. Sie wohnten in einem Haus mit Garten und zeigten ihm ein Zimmer, das ihm ganz allein gehörte. Sie gaben ihm neue Namen und er hatte mit einem Mal auch eine neue Schwester: Sie hieß Renate und war zwei Jahre älter als er.
Zu essen gab es, was er wünschte.
Trotzdem war er noch oft krank und die neue Mutter sagte: Das hast du aus dem schrecklichen Krieg mitgebracht. Er hieß jetzt Mark Dobler. Es fiel ihm nicht leicht, seinen Namen auszusprechen, doch er lernte rasch die Sprache, Deutsch, und nach einem Jahr redete er wie Renate. Er hätte auch nicht mehr gemerkt, dass er anders war als die Kinder hier, wenn sich nicht die Leute nach ihm umgedreht hätten. Dann sagte sein Vater: Die sind blöd. Das kann dir egal sein.
Die Kinder, mit denen er spielte, hatten sich längst an ihn gewöhnt. Er war einer von ihnen. Dass er nicht ganz so aussah wie sie, pechrabenschwarzes Haar und gelbe Haut hatte, fiel ihnen nicht mehr auf. Er war Spielkamerad, ihr Freund. Wenn einer doch mal eine dumme Bemerkung machte, bekam er es mit Renate zu tun. Renate hatte ihn gern wie eine Schwester.
Mit der Schule änderte sich das. Am ersten Tag brachten ihn die Eltern hin, der Lehrer war allzu freundlich zu ihm, was ihm nicht behagte, und die Kinder starrten ihn an, als käme er vom Mars.
Er hatte Angst und Wut. Er wusste, dass er sich würde prügeln müssen.
Die Eltern mussten gehn. Der Unterricht begann. Der Lehrer bat die einzelnen Kinder, ihren Namen zu nennen. Als die Reihe an ihm war, sagte er: Mark Dobler. Der Lehrer schrieb nicht wie bei den anderen den Namen in ein dickes Buch, sondern begann eine Rede zu halten: Wie ihr wahrscheinlich schon wisst, kommt Mark aus Vietnam. Er hat seine Eltern verloren und ist von Doblers an Kindes statt angenommen worden.
Mark fand dieses „an Kindes statt" ganz grässlich. Irgendwie falsch und gemein. Doch er sagte nichts, hielt den Kopf gesenkt, schämte sich.
Der Lehrer sagte weiter: Seid nett zu ihm, behandelt ihn aufmerksam.
Da stand Mark auf und sagte leise: Aber ich bin doch wie die andern.
Der Lehrer lachte: Wenn du meinst, Mark.
Ja, das stimmt, sagte Mark.
In der Pause kam niemand zu ihm. Er stand allein.
Er war nahe zu weinen. Aber er verbiss es. Vor denen wollte er sich nicht schwach zeigen. Nein. Eine Horde von Jungen kam auf ihn zu. Es waren größere, aus der zweiten oder dritten Klasse. Sie bildeten einen Kreis um ihn, und der, den sie Tom riefen, sagte: Wo kommst'n du her? Mark sagte: Ich wohne in der Biberstraße.
Nee, wo du herkommst, will ich wissen, sagte Tom.

* Vietnamkrieg: 1964–1973

Von hier, sagte Mark.

Jetzt wird der Gelbe auch noch frech, sagte Tom.

Lass ihn, sagte ein anderer.

Warum?, sagte Tom. Wenn er mich auf den Arm nimmt.

Mark versuchte aus dem Kreis herauszukommen, doch die Jungen ließen es nicht zu. Jetzt muss ich mich eben prügeln, dachte er; am liebsten hätte er sich auf den Boden gelegt, zusammengerollt und geheult. Sie waren hundsgemein. Sie hatten ihn „der Gelbe“ genannt.

Jetzt, sagte er sich, rannte mit gesenktem Kopf auf Tom los, doch der fing ihn auf und schlug ihm ins Gesicht. Er trommelte mit den Fäusten auf Tom ein.

Mensch, der Chinese hat ja Mut, sagte Tom.

Ich bin kein Chinese, schrie Mark.

Du bist doch gelb im Gesicht, sagte Tom. Bist du auch gelb am Bauch und am Hintern?

Ich bin aus Vietnam, sagte Mark. Nun konnte er das Weinen kaum mehr unterdrücken.

Du bist nicht aus Vietnam. Du bist gelb. Du bist ein Chinese.

Ich bin ein Deutscher, sagte er sehr leise. Aber Tom hatte es gehört.

Der will ein Deutscher sein! Habt ihr gehört? Der ist gelb und will ein Deutscher sein.

Mark gab auf, legte die Hände vors Gesicht und schluchzte. Einer der Jungen zog Tom zurück und sagte: Lass ihn doch in Ruhe. Er kann ja nichts dafür, dass er gelb ist.

Endlich kam einer der Lehrer und holte ihn heraus. Er schimpfte mit den Jungen. Tun Sie's nicht, sagte Mark.

Aber sie haben dich doch beleidigt.

Ja, sagte Mark.

Am nächsten Tag wollte er nicht in die Schule gehen.

Der Vater schlug vor, er werde ihn hinbringen. Das wollte er aber nicht, er ging mit Renate.

Auf dem Hof hörte er, wie einer zum andern tuschelte: Da ist er, der gelbe Junge. Er riss sich von Renates Hand, rannte auf den Jungen zu, sprang an ihm hoch, klammerte sich an dessen Hals, sodass der Angst bekam und flehte: Lass mich los.

Nenn mich nicht noch einmal „gelber Junge“, sagte Mark.

Nein, nein.

Er ließ den Jungen los. Als er sich von ihm abkehrte, gab der ihm einen Tritt in den Hintern. Mark flog nach vorn. So listig seid ihr ... ihr Weißen ... Er schämte sich, fühlte sich krank, packte den Ranzen, lief aus dem Schulhof, nach Hause.

Heute musst du nicht in die Schule. Morgen, sagte Mutter.

Ich will nach Hause, sagte er.

Du bist doch hier zu Hause, sagte seine Mutter. Er sah, dass sie traurig war.

Bei euch schon, sagte er. Aber sonst nicht.

Manchmal denke ich das auch, sagte Mutter. Aber wir werden es schon schaffen.

Er schaffte es, gewöhnte sich daran, „gelber Junge“ genannt zu werden. Mit der Zeit taten das nicht mehr viele. Als er in die dritte Klasse kam, wäre er beinahe zum Klassensprecher gewählt worden. Es fehlten nur vier Stimmen.

Wir haben dich lieb wie Renate, sagten seine Eltern. Es war so. Er wusste es. Er spürte es.

Aber nachts träumte er noch immer, dass ihn eine Horde weißhäutiger Kinder verfolgt, ihn jagt, hetzt und dass er am Ende sich hinwirft, darauf wartet, von ihnen gequält und verspottet zu werden. Der gelbe Junge!

Er war nicht sicher, ob diese Träume je aufhören würden, obwohl seine Eltern ihn liebten, obwohl er hier zu Hause war und obwohl er sich an das Land, aus dem er gekommen war, und an seine ersten Eltern nicht mehr erinnern konnte.

Aus: Peter Härtling: Geschichten für Kinder.
Beltz Verlag, Weinheim und Basel 1988.
Programm Beltz & Gelberg, Weinheim

**10** **Streichen Sie wichtige Lebensstationen des Jungen im Text an.**

**11** **Schreiben Sie auf, um welchen Text es sich handelt. Benutzen Sie diese Wörter.**

~~Text~~ • Kurzgeschichte • Peter Härtling • Titel „Der gelbe Junge" • erschienen

*Bei dem vorliegenden Text handelt es sich* ..............................................................

..............................................................

**12** **Notieren Sie die Aussagen darüber, worum es in dem Text geht.**
**Ersetzen Sie dabei die Symbole durch Buchstaben.**

| Symbole: | # | • | * | — | = |
|---|---|---|---|---|---|
| Buchstaben: | a | e | i | u | ä |

H=rtl*ng •rz=hlt, w*• •*n J—ng• #—s V*•tn#m s*ch *n •*n• fr•md• F#m*l*• *n D•—tschl#nd •*nl•b•n m—ss —nd w•lch• Schw*•r*gk•*t•n •r #ls #nd•rsf#rb*g•s K*nd *n d•r Sch—l• h#t.

..............................................................

..............................................................

..............................................................

**13** **Wandeln Sie die Verben (Tätigkeitswörter) in Klammern in die Zeitform Präsens (Gegenwart) um.**

Seine Mutter (kam) ______________ im Krieg auf der Flucht ums Leben. Ihn und seine vier Geschwister (brachte) ______________ man dann in einem Heim unter. Zwei Jahre später (wurde) ______________ er von einer Pflegefamilie in Deutschland (aufgenommen) ______________, die ihn freundlich (behandelte) ______________. Er (lernte) ______________ schnell andere Spielkameraden und die Sprache (kennen) ______________. Aber als er in die Schule (ging) ______________, (hatte) ______________ er keinen guten Start. Mark (schlug) ______________ sich mit einem Jungen, weil er ihn „gelber Junge" (nannte) ______________. Er (wollte) ______________ zurück nach Vietnam, denn hier (hänselten) ______________ sie ihn alle. Aber seine Pflegemutter (hielt) ______________ ihn davon ab. Mit der Zeit (wurde) ______________ er nicht mehr (gehänselt) ______________.

**14** **Verfassen Sie eine Inhaltsangabe der Kurzgeschichte von Peter Härtling oder von einem Film, der Ihnen gefallen hat.**

## Wichtiges in Kürze: Inhalte wiedergeben

| | |
|---|---|
| **Vorarbeit** | • Text sorgfältig lesen |
| **Aufbau** | • Um welchen Text handelt es sich? Textart (z.B. Kurzgeschichte, Erzählung, Fabel, Gedicht); Titel; Autor/in und Erscheinungsjahr angeben<br>• In einem oder zwei Sätzen notieren, worum es in dem Text geht<br>• Danach den Inhalt des Textes in der richtigen Reihenfolge wiedergeben |
| **Zeitform** | • Präsens (Gegenwart) |
| **Stil** | • Sachlich |

# Schaubilder wiedergeben

## Den Inhalt eines Schaubildes verstehen und wiedergeben

**Medien-Gebrauch der 12- bis 19-Jährigen**

*Stuttgarter Nachrichten*
GfK = Gesellschaft für Konsumforschung

**1** **Ergänzen Sie die folgenden Quellenangaben zum Schaubild.**

Das vorliegende Schaubild stammt aus den Stuttgarter Nachrichten vom ____________. Die Zahlen sind von der

______________________________________________________________________

übernommen und ______________________________ auf das Jahr 2004.

**2** **Betrachten Sie das Schaubild genau und markieren Sie dann die Aussagen, die richtig sind.**

**A)**

1 Thema des Schaubildes ist das Fernsehen.
2 Das Schaubild gibt einen Überblick darüber, was Jungen im Gegensatz zu Mädchen in der Freizeit machen.
3 Das Schaubild handelt davon, welche Medien die 12- bis 19-Jährigen besitzen und nutzen, und von der täglichen Nutzung des Fernsehens.

**B)**

1 Unter Medien versteht man in diesem Schaubild den Einsatz von Lehrmitteln.
2 Mit Medien sind in diesem Schaubild die Hilfsmittel gemeint, mit denen Texte, Töne, Bilder von Mensch zu Mensch übermittelt werden.
3 In diesem Schaubild werden Medien als Mittel verstanden, um physikalische, chemische oder biologische Prozesse voranzutreiben.

**C)**

1 Das gesamte Schaubild besteht aus drei einzelnen Schaubildern.
2 In dem Schaubild werden zwei Themen dargestellt.
3 Das Schaubild zeigt, was Jugendliche auf der einen Seite und Erwachsene auf der anderen Seite in ihrer Freizeit machen.

**D)**

1 Die Zahlen im linken Teil des Schaubildes sind Prozentangaben, die Zahlenangaben im mittleren Teil bezeichnen die Personenzahl.
2 Die Zahlen im linken wie im rechten Teil des Schaubildes sind Prozentangaben, im mittleren Teil werden die Minuten genannt, die Menschen unterschiedlichen Alters vor dem Fernseher verbringen.
3 Die Zahlen sind jeweils Personenzahlen.

**3** **Vervollständigen Sie die Sätze über das Schaubild von Seite 24. Die Aussagen beziehen sich auf das Jahr 2004.**

*1 Im linken Teil des Schaubildes wird dargestellt, welche* ..............................

..............................

*2 Danach haben neun von zehn Jugendlichen* ..............................

*3 Etwa zwei Drittel der Jugendlichen verfügen nach Aussage des Schaubildes über* ..............................
.............................. *und rund die Hälfte über* .............................., *wobei der Besitz* ..............................
.............................. *bei Jungen etwas weiter verbreitet ist als* ..............................

*4 Dem Schaubild ist zu entnehmen, dass gut ein Viertel der 12- bis 19-Jährigen* ..............................

..............................

**4** **Ordnen Sie die Aussagen des Schaubildes richtig zu und schreiben Sie den Satz zu Ende.**

| | |
|---|---|
| *1 Das Fernsehen spielt neben den Musik-CDs und -Kassetten* .............................. | der Computer sehr bedeutsam. |
| *2 Die Nutzung der Handys* .............................. | auch die Tageszeitung hoch im Kurs steht und noch vor Zeitschriften und Magazinen rangiert. |
| *3 Für drei Viertel der Jungen und zwei Drittel der Mädchen ist auch* .............................. | obwohl Bücher – wie im rechten Teil des Schaubildes dargestellt – keine unbedeutende Rolle bei Jugendlichen spielen. |

4 Erstaunlich ist aber, dass bei fast der Hälfte der Jugendlichen ........ | in der Nutzung zwischen Jungen und Mädchen.

5 Bei Büchern gibt es einen starken Unterschied ........ | wird nicht dargestellt.

6 Es fällt auf, dass im linken Teil des Schaubildes nichts über den Besitz von Büchern ausgesagt wird, ........ | die bedeutendste Rolle in der Mediennutzung der Jugendlichen.

**5** **Schreiben Sie die Zahlenangaben in die Lücken als Ziffer mit Bindestrich. Schreiben Sie die Substantive groß.**

**Beispiel:**

*die Zweijährigen → die 2-Jährigen*

1 Die Drei- bis Dreizehnjährigen ________ sehen 2004 durchschnittlich 93 Minuten pro Tag fern, die Vierzehn- bis Neunundzwanzigjährigen ________ sitzen schon fast 2,5 Stunden pro Tag vor dem Fernseher. Sie schauen damit immerhin nur etwa halb so viel fern wie die Fünfzigjährigen ________.

2 Das Senden und Empfangen von SMS ist für die Zwölf- bis Neunzehnjährigen ________ die wichtigste Funktion des Mobiltelefons.

**6** **Schreiben Sie einen zusammenhängenden Text, in dem Sie die Inhalte des Schaubildes (siehe Seite 24) wiedergeben. Gliedern Sie Ihren Text in sinnvolle Abschnitte.**

**7** **Geben Sie den Inhalt des folgenden Schaubildes wieder. Schreiben sie einen zusammenhängenden Text, in dem Sie die Quelle (siehe „Wichtiges in Kürze"), das Thema und drei Auffälligkeiten in der Einstellung der beiden Altersgruppen aufzeigen.**

**Welche Eigenschaften stören Sie an einer Partnerin/Freundin am meisten?**

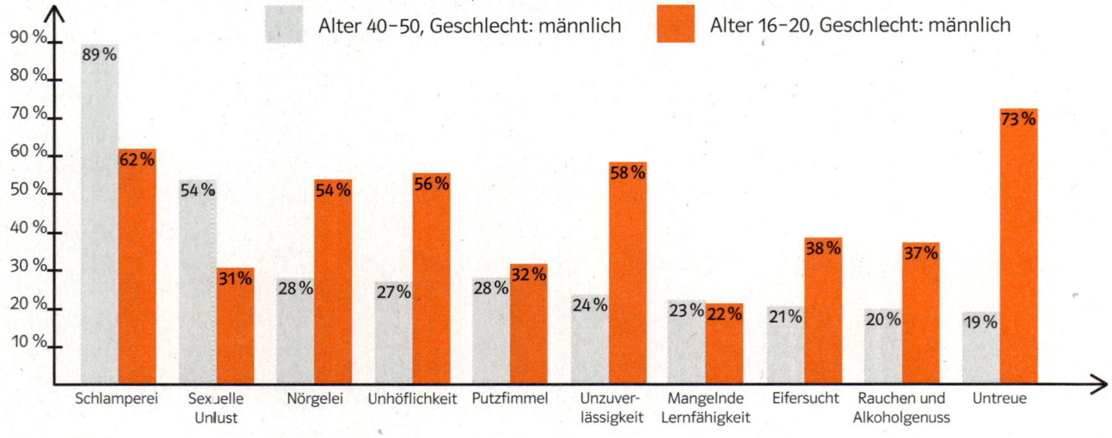


Aus: Zeitschrift „Wut-ACH", 4/2005

**8** **Machen Sie eine Umfrage in der Klasse, um herauszufinden, welche Medien wie lange täglich benutzt werden. Stellen Sie die Ergebnisse übersichtlich dar.**

| **Medienart** | **Dauer der täglichen Nutzung in Minuten** | |
|---|---|---|
| | **Mädchen** | **Jungen** |
| … | … | … |

## **Wichtiges in Kürze:** Schaubilder wiedergeben

| | |
|---|---|
| **Vorarbeit** | • Schaubild genau betrachten:<br>– Aus wie vielen Teilen besteht das Schaubild?<br>– Worauf beziehen sich die angegebenen Zahlen?<br>– Was fällt auf? |
| **Aufbau** | • Quelle angeben:<br>– Thema des Schaubildes<br>– Wo und wann ist es veröffentlicht worden?<br>– Woher stammen die Zahlenangaben und auf welches Jahr beziehen sie sich?<br><br>• Inhalt des Schaubildes in ein bis zwei Sätzen zusammenfassen<br>• Danach das Auffallende, dann das weniger Auffallende erwähnen (nicht jede Zahl muss genannt werden)<br><br>• Schluss: Kurze Auswertung (längere Auswertung nur, wenn sie verlangt wird) |
| **Zeitform** | • Präsens (Gegenwart) |
| **Stil** | • Sachlich |

# Beschreiben

## Personen beschreiben

**Suchmeldung**
„Bitte melde dich. Ich habe dich letzte Woche am Freitagmittag bei der Aufnahme eines Gruppenfotos gesehen und habe mich nicht getraut, dich anzusprechen, obwohl du mich angelächelt hast. Du hast dunkle Haare, strahlende Augen und hattest einen Pullover an. Ich würde dich gerne wiedersehen. Alex."

**1** **Legen Sie fest, auf wen (siehe Foto oben) diese Suchmeldung passt.**

**2** **Finden Sie zusätzliche Angaben zur Suchmeldung, die eine Verwechslung ausschließen. Schreiben Sie diese in einem Satz auf.**

..............................................................................................................................

..............................................................................................................................

..............................................................................................................................

**3** **Bringen Sie die folgenden Merkmale für die Beschreibung eines Straftäters in eine sinnvolle Reihenfolge von 1 bis 10.**

| Sprache | Geschlechtsangabe | auffallende Merkmale | Haarfarbe | Frisur | Alter | Größe | Augenfarbe | Kleidung | Körperbau |
|---|---|---|---|---|---|---|---|---|---|
| | | | | | | | | | |

**4** Spiel: **Beschreiben Sie eine bekannte Person (Mitschüler/in oder berühmte Persönlichkeit) schriftlich, pantomimisch oder zeichnerisch, ohne den Namen zu nennen. Die anderen raten, um wen es sich handelt. Wer die meisten erkennt, gewinnt.**

**5** **Ordnen Sie diese Eigenschaften des Körperbaus in eine sinnvolle Reihenfolge.**

knochig   mager   stattlich   wohlgenährt   schmal   bullig   kräftig   dünn   dick   dürr
*1*

**6** **Tragen Sie die Adjektive (Eigenschaftswörter) in die Tabelle ein. Mehrfachnennungen sind möglich.**

strahlend • krumm • schlampig • matt • rundlich • elegant • athletisch • fleischig • gepflegt
lockig • schmal • gerade • trübe • breit • glatt • dunkel • tätowiert • voll

| | |
|---|---|
| Körperbau | ........................................ |
| Haare | ........................................ |
| Augen | ........................................ |
| Nase | ........................................ |
| Lippen | ........................................ |
| Kleidung | ........................................ |
| Besondere Merkmale | **Beispiel:** *Narbe, abstehende Ohren,* ........................................ |

**7** **Beschreiben Sie mindestens drei der abgebildeten Personen schriftlich. Bilden Sie vollständige Sätze mit Subjekt (Satzgegenstand) + Prädikat (Satzaussage) und Ergänzung.**

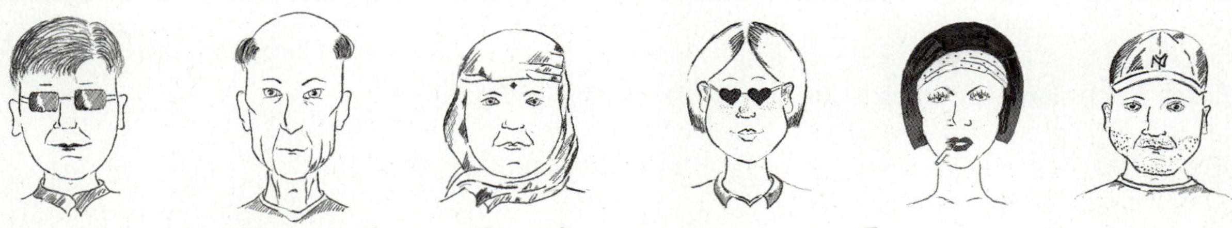

| S | P | E | S | P | E |
|---|---|---|---|---|---|
| *Meine Person* | *ist* | *weiblich.* | *Sie* | *hat* | *schmale Lippen und eine breite Nase.* |

| S | P | E |
|---|---|---|
| *Ihre Kleidung* | *ähnelt* | *einer Tracht.* |

# Gegenstände beschreiben

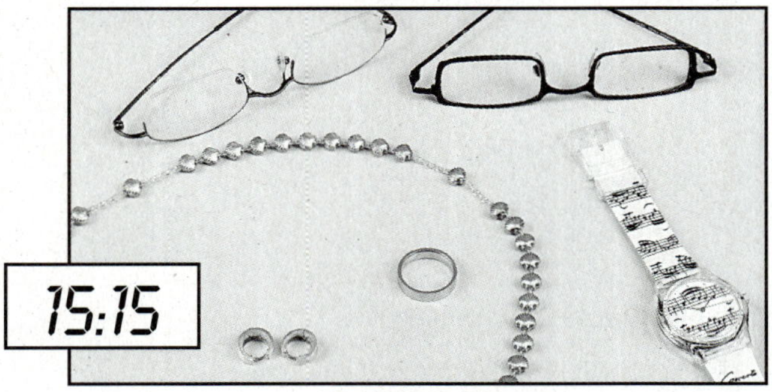


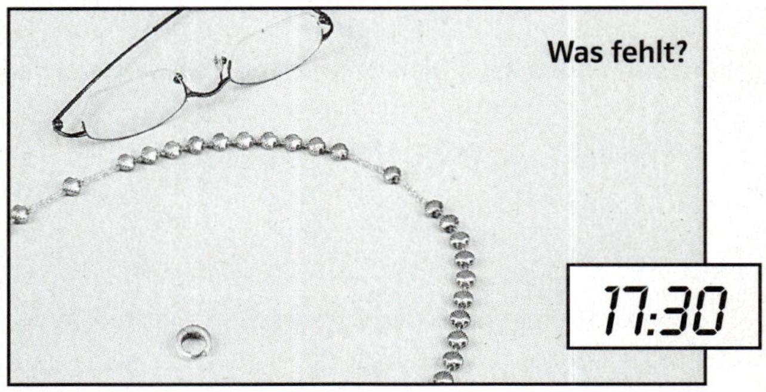


**8** Ergänzen Sie für eine Verlustanzeige die Tabelle. Erfinden Sie die Angaben, die im Bild nicht erkennbar sind.

| Gegenstand | Form | Farbe | Material | besondere Eigenschaften |
|---|---|---|---|---|
| **Beispiel:** *Brille* | *rechteckige, abgerundete Gläser* | *schwarz* | *Plastik* | *geschlossener Rahmen* |
| | | | | |
| | | | | |
| | | | | |

**9** Bilden Sie aus Ihrer Auflistung (siehe Aufgabe 8) vollständige Sätze.

**Beispiel:**

*Im zweiten Bild fehlt eine schwarze Brille aus Plastik. Die Brille hat rechteckige, abgerundete Gläser und einen geschlossenen Rahmen.*

*Außerdem*

**10** Bilden Sie mit den folgenden Begriffen Farbadjektive (Eigenschaftswörter zur Kennzeichnung von Farben). Tragen Sie diese in die Tabelle ein.

| | | | | | |
|---|---|---|---|---|---|
| ~~Rubin~~ | Himmel | Zitrone | Gras | Purpur | Veilchen |
| Flasche | Ultramarin | Wein | Olive | Krebs | Scham |
| Mais | Kirsche | Moos | Stahl | Quitte | Gold |

| gelb | rot | blau | grün |
|---|---|---|---|
| | **Beispiel:** *rubinrot* | | |
| | | | |
| | | | |
| | | | |
| | | | |
| | | | |

**11** Bilden Sie aus den Wortteilen Bezeichnungen für Formen.

~~BLÜ~~ QUAD FLÜ SI WOL SPI WEL RAU TROP DREI

CHEL RAT GEL KE LE LE TE RA ~~TE~~ FEN ECK

**Beispiel:**

*Blüte* ...................................................

...................................................

**12** Zeichnen Sie die Formen aus Aufgabe 11.

**13** **Spiel:** Spielen Sie „Begriffe-Raten“: Jede Gruppe schreibt eine festgelegte Anzahl von Begriffen auf Zettel. Vorher sollten die Einschränkungen (z. B. Wortarten) vereinbart werden. Einem Mitglied der anderen Gruppe wird ein Begriff gezeigt. Dieses Mitglied soll den Begriff so beschreiben, dass seine Gruppe den Begriff erraten kann.
**Spielvariante:** Es werden von vornherein verschiedene Begriffe tabuisiert, die bei den Beschreibungen nicht genannt werden dürfen.

# Vorgänge beschreiben

**14** Kommt Apfelsaft aus der Maschine heraus? ❑ Ja ❑ Nein

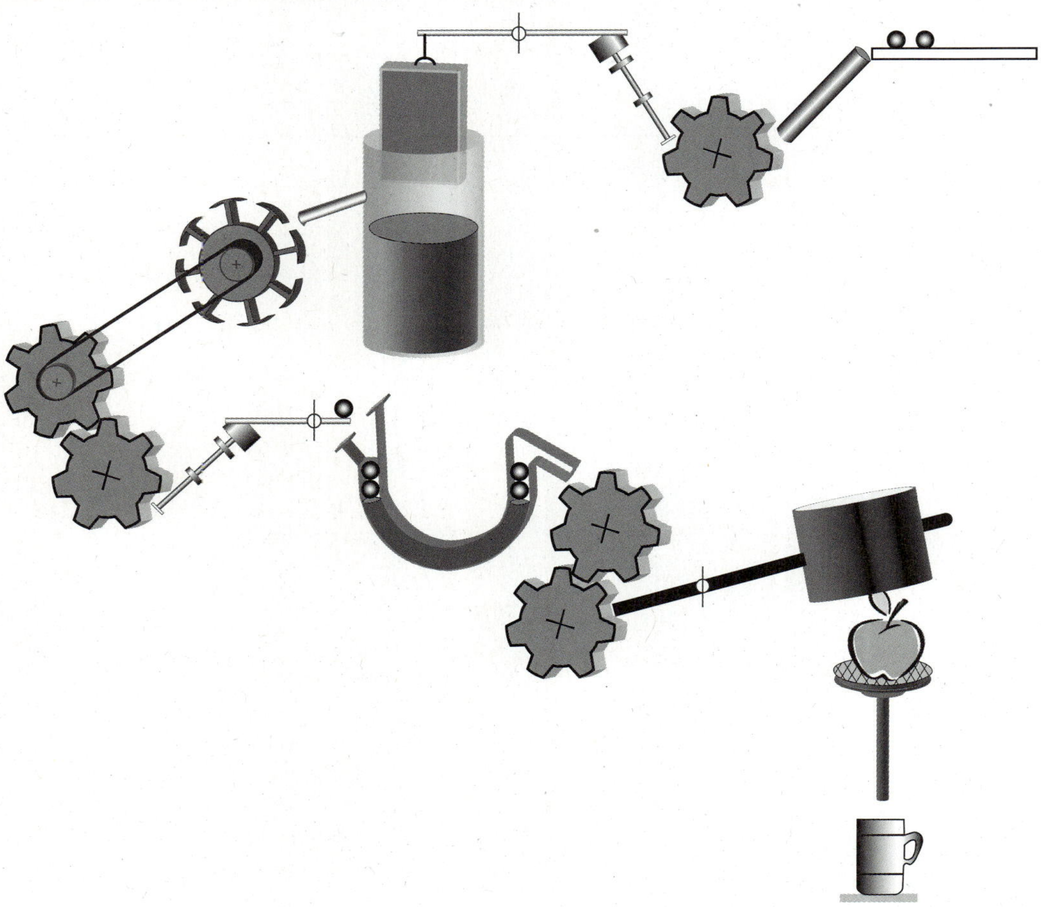

**15** Erklären Sie in Sätzen die einzelnen Abläufe der Maschinerie. Benutzen Sie dazu folgende Verbindungswörter.

~~wenn~~ dann durch dadurch wodurch dadurch, dass

*Wenn eine Kugel die Rutsche hinunterrollt, dann dreht sich das Zahnrad nach rechts und drückt den Schieber gegen die Wippe.*

**16** Geben Sie der Maschine einen Namen. Diskutieren Sie, welcher Name am besten passt.

**17** **Finden Sie zu jeder Wortreihe einen Oberbegriff und schreiben Sie diesen auf. Streichen Sie jeweils den nicht passenden Begriff.**

| | | |
|---|---|---|
| 1 | Linoleum – Parkett – ~~Tapete~~ – Teppichboden – Fliese | **Beispiel:** *Bodenbelag* ........................ |
| 2 | Schere – Meißel – Gabel – Zange – Säge | ........................ |
| 3 | Föhn – Kamm – Feile – Schere – Rasierer | ........................ |
| 4 | Brille – Fernglas – Uhr – Kontaktlinse – Lupe | ........................ |
| 5 | Spaten – Rechen – Kelle – Schaufel – Gießkanne | ........................ |

**18** **Verbinden Sie je einen Fachbegriff aus dem Computerbereich mit der richtigen Erklärung. Ergänzen Sie zwei fehlende Erklärungen.**

| | |
|---|---|
| Hardware | Oberbegriff für Computerprogramme |
| Software | Eingabegerät |
| Arbeitsspeicher | Programm, das in den Arbeitspausen den Bildschirm verändert |
| Bildschirmschoner | Bestandteile eines Computers |
| Festplatte | setzt die Computerbefehle optisch um |
| Maus | Speicher, der direkt zum Arbeiten zur Verfügung steht |
| Grafikkarte | elektronische Post |
| Internet | ........................ |
| E-Mail | ........................ |

**19** **Setzen Sie die Wörter passend ein.**

Wie das Internet funktioniert

Das Internet ist ein weltweites __________ mit Millionen angeschlossener __________________ . Sie tauschen ______________ über Telefonleitungen mithilfe von ______________ aus. Darüber hinaus können Daten von anderen Rechnern heruntergeladen werden oder es kann ____________________ Post weltweit verschickt werden.

Daten Netz Computer elektronisch Modem

**20** **Zeichnen Sie eine Maschine aus einfachen Bestandteilen und Verbindungsteilen. Beschreiben Sie die Maschine schriftlich. Nach dieser Beschreibung soll eine Mitschülerin/ein Mitschüler Ihre Maschine zeichnen. Vergleichen Sie diese Zeichnung mit Ihrem Original und diskutieren Sie, warum es Unterschiede gibt.**

# Arbeiten anleiten

**21** **Tragen Sie in die Abbildungen passend die Buchstaben ein.**

## Arbeitsanleitung: Festplatte einbauen

A Ziehen Sie das Netzkabel aus der Steckdose.
B Öffnen Sie das Computergehäuse.
C Schieben Sie die Festplatte in den Geräteschacht und schrauben Sie sie fest.
D Stellen Sie die interne Stromversorgung der Festplatte her (Vorsicht: Netzkabel noch nicht in die Steckdose stecken!).
E Verbinden Sie das Datenkabel mit der Festplatte.
F Schließen Sie das Gehäuse und stellen Sie die Stromversorgung wieder her.

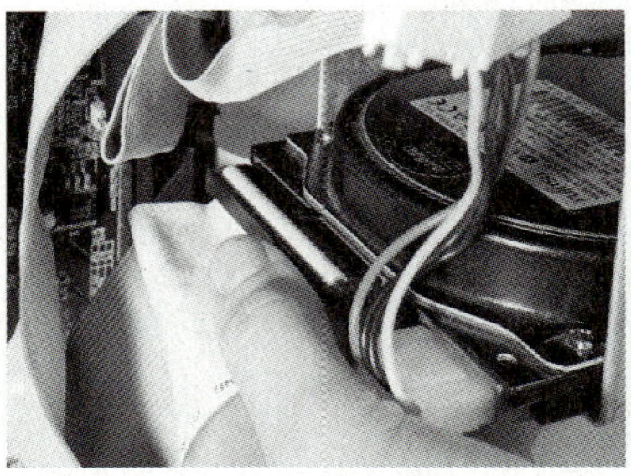

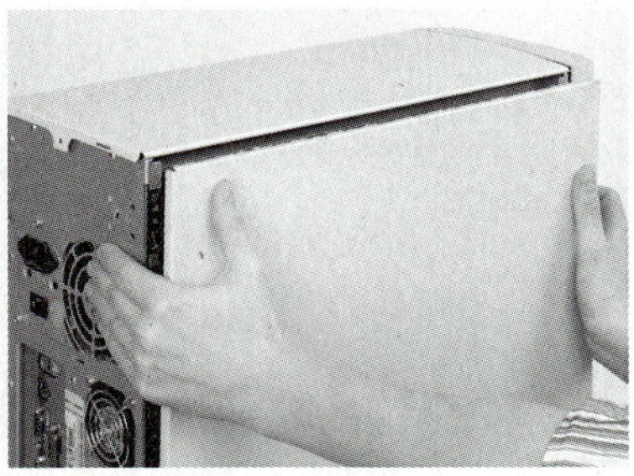

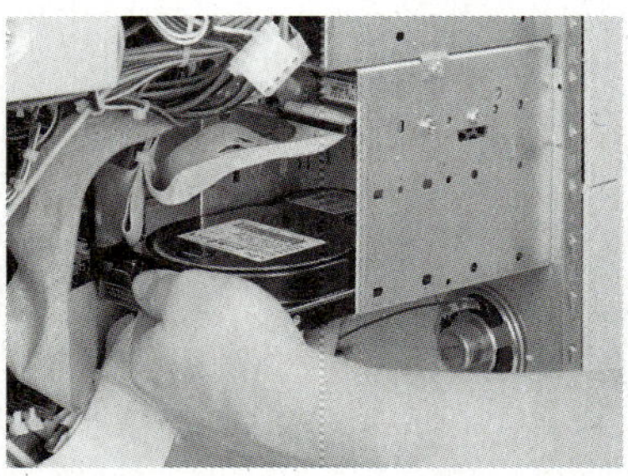

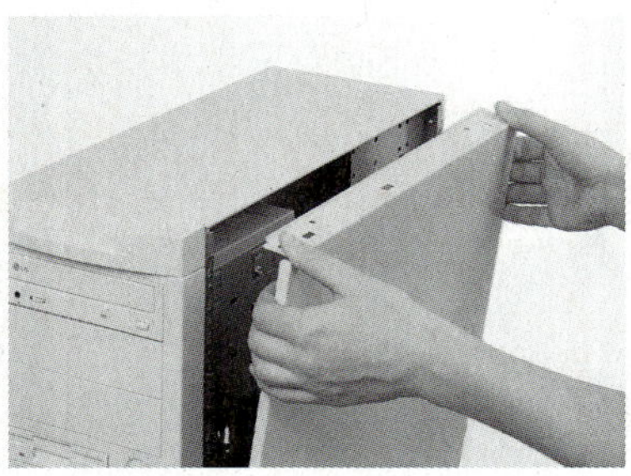

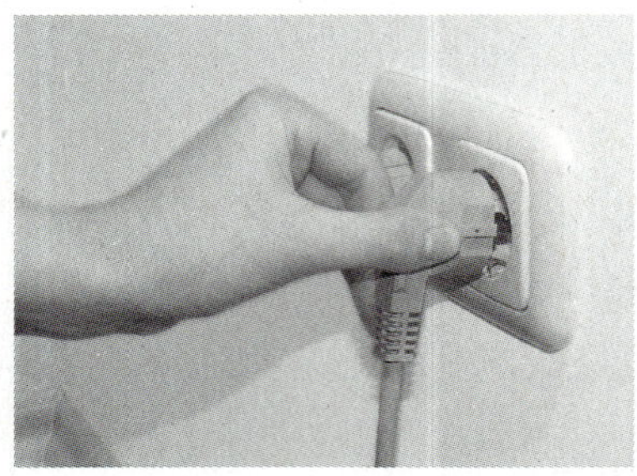

**22** **Formulieren Sie die Arbeitsanleitung (siehe Aufgabe 21) so um, dass sie unpersönlicher wird.**

Beispiel:

A *Man zieht das Netzkabel aus der Steckdose. / Das Netzkabel wird aus der Steckdose gezogen.*

B ...............................................................................................

C ...............................................................................................
...............................................................................................

D ...............................................................................................
...............................................................................................

E ...............................................................................................
...............................................................................................

F ...............................................................................................
...............................................................................................

## 23 Ergänzen Sie im Präsens (Gegenwart).

| | | | | | |
|---|---|---|---|---|---|
| machen | entfernen | abschaben | verspachteln | zuschneiden | einstreichen |
| tapezieren | bringen | glatt streichen | setzen | übereinanderlappen | abschneiden |

Vor dem eigentlichen Tapezieren ________________ du die Wände staubfrei und glatt. Dazu ________________ du die alten Tapeten und danach ________________ du die Überreste mit einem Spachtel ______. Risse oder Unebenheiten ________________ du sauber.

Die Bahnen ________________ du ______, danach ________________ du sie mit Tapetenkleister satt ______. Du ________________ von der Lichtquelle weg. Die Tapetenbahn ________________ du im Lot an die Wand und ________________ sie mit einer Walze ________________. Die einzelnen Bahnen ________________ du auf Stoß, damit sie nicht ________________. Nach dem Trocknen ________________ du überstehende Reste mit dem Cutter ______.

## 24 Erstellen Sie eine Arbeitsanleitung für jemanden, der sich in Ihrem Beruf nicht auskennt.

### Wichtiges in Kürze: Beschreiben

| | |
|---|---|
| **Vorüberlegung** | • Der Zweck bestimmt die Genauigkeit der Beschreibung, z.B. Form, Größe, Material, Gewicht, Oberfläche, Farbe, Geruch. |
| **Aufbau** | • Zuerst Gesamtübersicht, danach sinnvolle Reihenfolge, z.B. vom Allgemeinen zum Besonderen; vom Ersten zum Letzten |
| **Zeitform** | • Präsens (Gegenwart) |
| **Wortwahl** | • Treffende Substantive (Hauptwörter) und Fachbegriffe<br>• Passende Adjektive (Eigenschaftswörter)<br>• Abwechslungsreiche Verben (Tätigkeitswörter) |

# Sich informieren

## Informationen einholen

**1** **Schreiben Sie die in der folgenden Buchstabenfolge verborgenen dreizehn Informationsquellen auf.**

FchbchFchztschrftFernsehgrtVdtxtFrndKllgnRdKtlgTgsztngntrntTlfnLxknFlr

..........................................................................................................

..........................................................................................................

..........................................................................................................

**2** **Bringen Sie die folgenden Stichworte in die richtige alphabetische Reihenfolge. Schreiben Sie dazu die Zahlen 1 bis 20 vor die Stichworte.**

◯ Gedächtnisstrategien ◯ Motivation ◯ Hippocampus ◯ Langzeitgedächtnis ◯ Wegetechnik ◯ Problemlösen ◯ Kurzzeitgedächtnis ◯ Reizüberflutung ◯ Brainstorming ◯ Wohlgefühl ◯ Ähnlichkeitshemmung ◯ Synapsen ◯ Kreativität ◯ Schlüsselqualifikation ◯ Mnemotechnik ◯ Selbstvertrauen ◯ Ultrakurzzeitgedächtnis ◯ Großhirnrinde ◯ Kleinhirn ◯ Noradrenalin

**3** **Führen Sie zwei Suchanfragen im Internet durch, die schrittweise genauer werden und tragen Sie Ihre Ergebnisse in die unten stehende Tabelle ein.**

**Situation 1:** Sie suchen einen Test, mit dem Sie feststellen können, was für ein Lerntyp Sie sind. Sie möchten den Test online machen und eine sofortige Auswertung erhalten.

**Situation 2:** Sie suchen einen Job als Maurer oder Fliesenleger in der Nähe Ihres Wohnortes Münster in NRW. Sie wollen den Job sofort.

**Situation 3:** Sie suchen ein Internet-Forum, in dem Sie sich mit gleich gesinnten Autobastlern austauschen können. Sie lieben Oldtimer von Opel, aber auch von Citroen.

| Suchbegriff/e | Anzahl der gefundenen Internetseiten | Suchbegriff/e | Anzahl der gefundenen Internetseiten | Suchbegriff/e | Anzahl der gefundenen Internetseiten |
|---|---|---|---|---|---|
| *Lernen* | *5.820.000* | *Jobs* | *3.500.000* | *Forum* | |
| *Lerntypen* | *30.000* | *Job + Maurer* | | | |
| *Lerntypen + Test* | *5.130* | *Job + Maurer + Fliesenleger* | | | |
| *Lerntypen + Test + online* | *963* | *Job + Maurer + Fliesenleger + Münster + NRW* | | | |
| *Lerntypen + Test + online + Auswertung* | *235 Einträge am 11.02.06* | *Job + Maurer + Fliesenleger + Münster + NRW + sofort* | | | |

**4** **Streichen Sie im unten stehenden Text alle Textteile durch, die gegen folgende grammatische Regel verstoßen:**

> **Regel:** In einem Satz müssen Subjekt (Satzgegenstand) und Prädikat (Satzaussage) im Singular (Einzahl) bzw. Plural (Mehrzahl) übereinstimmen.
> *Beispiel*: Richtig: Ich (Singular) streiche (Singular). Falsch: Ich (Singular) ~~streichen~~ (~~Plural~~).

**String- oder Phrasensuche**

Sie können Suchmaschinen beauftragen, Ihnen im Internet nur solche Seiten herauszufiltern, die ausschließlich die in die Suchmaske eingetragenen Begriffe in genau der dort angegebenen Reihenfolge ~~enthält~~/enthalten. Dazu müssen Sie die Suchbegriffe in der gewünschten Reihenfolge in Anführungszeichen setzen. Wenn Sie beispielsweise die Wortgruppe „Wer immer die Wahrheit sagt, kann sich ein schlechtes Gewissen leisten." mit Anführungszeichen in die Suchmaske eintippt/eintippen, erhalten/erhält Sie ausschließlich Internet-Einträge mit diesem Zitat von Theodor Heuss (erster deutscher Bundespräsident von 1949 bis 1959). Ohne Anführungszeichen würden/würde Suchmaschinen auch alle Seiten suchen, in denen die Einzelwörter des Zitats vorkommen/vorkommt. Die Suche mit Anführungszeichen werden/wird String- bzw. Phrasen-Suche genannt. Sie sind/ist sehr nützlich, wenn man nach Zitaten oder nach Namen suchen/sucht.

**5** **Erklären Sie z.B. einer Mitschülerin oder einem Mitschüler die Funktionsweise von Internetsuchmaschinen mit Hilfe Ihrer ausgefüllten Tabelle von Aufgabe 3 und des Textes bei Aufgabe 4. Sie können sich zusätzlich auf der Homepage einer Suchmaschine über angebotene spezielle Suchtechniken informieren.**

**6** **Besuchen Sie eine Webseite zur Situation 1 in Aufgabe 3 und klären Sie online, welcher Lerntyp Sie sind. Notieren Sie Ihre Ergebnisse und die Internetadresse als Quelle (z.B. auf einer Karteikarte).**

**Beispiel für eine formgerechte Quellenangabe:**
http://arbeitsblaetter.stangl-taller.at/TEST/HALB/Test.shtml. Abgerufen am 15.02.2006.

# Informationen ordnen

**7** **Entscheiden Sie, welche Stichworte die Teile des Textes richtig benennen. Streichen Sie die falschen durch.**

| Text | Teil | Stichworte |
|---|---|---|
| Gedächtnisstufen | A | **Beispiel:**<br>1) Überschrift (Suchbegriff im Lexikon)<br>~~2) Quellenangabe~~ |
| Nach weit verbreiteter Auffassung sind beim menschlichen Gedächtnis drei Stufen zu unterscheiden: das **Ultrakurzzeitgedächtnis (UZG)**, das **Kurzzeitgedächtnis (KZG)** und das **Langzeitgedächtnis (LZG)**. | B | 1) drei Gedächtnistypen<br>2) drei Gedächtnisstufen |
| Das UZG speichert alle Sinneseindrücke nur ganz kurze Zeit; so hat z.B. das optische UZG eine Halbwertszeit[1] von ca. 0,5 Sekunden. Im Unterschied zum UZG, das kaum über eine Sekunde hinausreicht, | C | 1) Informationen zum UZG<br>2) Erklärung des Fachwortes „Halbwertszeit" |
| speichert das **Kurzzeitgedächtnis** bei einmaliger Speicherung etwa 12 bis 20 Sekunden lang ein begrenztes Bündel von etwa sieben plus/minus zwei Einzelheiten als Kapazitätsmaximum. Typisch ist die Situation beim Einprägen einer eben gelesenen Telefonnummer. Man muss sie ziemlich schnell in einem Zug wählen, um sie nicht zu vergessen. Wird man gestört, ist die Gesamtzahl verloren. (…) | D | 1) Speichermenge im UZG<br>2) Speicherzeit und größte Speichermenge (Kapazitätsmaximum) im KZG |

Das **Langzeitgedächtnis** (LZG) gilt im Alltag als das „eigentliche“ Gedächtnis. Informationen werden dort zum Teil lebenslang niedergelegt. Den tatsächlichen Umfang des LZG im Einzelfall kennt niemand. Beispielsweise umfasst allein das Wortgedächtnis der meisten Menschen einige Tausend Wörter; dazu kommt der umfangreichere passive (zwar verstandene, aber nicht verwendete) Wortschatz. Rechnen wir dazu unsere erinnerten Vorstellungen, das Gedächtnis für unvergessliche Erlebnisse, das Zahlen- und Datengedächtnis, das Wissen darum, wie man bestimmte Dinge verrichtet oder unser Spezialwissen hinzu, so ergibt das eine ungeheure Menge an Gedächtnisinhalten. Man nimmt für das Protokollgedächtnis, das heißt vergangene Informationen, über die Aussagen gemacht werden können, eine Speicherkapazität von $10^8$ bis $10^{10}$ bit (Informationseinheiten) an. Die Inhalte des LZG bilden jedoch keine bloße Anhäufung von Informationen, vielmehr muss man sich das LZG als ein Netzwerk denken, in dem die Inhalte nach bestimmten Regeln miteinander verknüpft sind (Assoziationsgedächtnis).

E

1) Speicherzeit und Speichermenge im LZG
2) Zusammenfassung des Lexikonartikels

Der Brockhaus multimedial. Bibliographisches Institut & F. A. Brockhaus. 2005

[1] Zeit, nach der die Hälfte einer Information zerfallen ist

**8** **Markieren Sie in dem bei Aufgabe 7 abgebildeten Text Informationen, die auf der folgenden Karteikarte fehlen.**

**Karteikarte 1**

*Gedächtnis (1)* *Lerntechnik*

*Welche Speichermengen und Speicherzeiten gibt es im Gedächtnis?*

| Gedächtnisstufen | Ultrakurzzeitgedächtnis (UZG) | | |
|---|---|---|---|
| Speichermenge | alle (!) Sinneseindrücke | | |
| Speicherzeit | ca. 1 Sekunde | | |

**9** **Ordnen Sie Ihre bei Aufgabe 8 markierten Informationen in die Tabelle auf der dort abgebildeten Karteikarte ein. Sie können eigene Formulierungen verwenden.**

**10** **Fassen Sie die einzelnen Abschnitte des folgenden Textes stichwortartig zusammen. Sie können die folgenden Formulierungsvorschläge verwenden.**

Möglichkeiten, Informationen als wichtig einzustufen • ~~Gedächtnis als Schutz vor Datenflut~~ • Maßstab für Weiterleitung ins KZG: Wichtigkeit der Information • Erfolg versprechende Möglichkeiten, Informationen ins LZG zu befördern • vom KZG ins LZG: Bedeutung von Wiederholungen • Speicherzeit im KZG durch Wiederholung verlängerbar (max. 20 Min.)

**Wie gelangen Informationen in unser Langzeitgedächtnis?**

Die unvorstellbar große Menge an Informationen, die Augen, Ohren und die anderen Sinne ständig an unser Gehirn liefern, darf nicht in unser Langzeitgedächtnis (LZG) gelangen. Wir würden in der Datenflut ertrinken! Davor schützt uns das Gedächtnis.

Gedächtnis als Schutz vor Datenflut

In einem ersten Schritt leitet unser Gehirn deshalb ausschließlich die Informationen **vom UZG ins Kurzzeitgedächtnis (KZG)** weiter, die uns *wichtig* sind. Alles andere wird sofort wieder gelöscht.

Wir müssen dem Gehirn mitteilen, was uns wichtig ist. Das tun wir, indem wir den ausgewählten Informationen besondere *Aufmerksamkeit* schenken und sie als *wichtig* kennzeichnen. Möglichkeiten sind: konzentriertes Zuhören und Beobachten, Gehörtes wiederholen, Unterstreichungen oder farbliches Hervorheben von Textteilen, Anfertigen von Skizzen oder Notizen u.a.

Wenn wir wichtige Informationen länger im KZG behalten wollen, müssen wir sie vor Ablauf der 20 Sekunden Speicherzeit durch Wiederholung erneut speichern. Andernfalls werden diese Informationen wieder vergessen. Durch mehrfaches Wiederholen lässt sich die Speicherzeit im KZG auf ca. 20 Minuten verlängern.

Für den Weg **vom KZG ins Langzeitgedächtnis (LZG)** gilt nach „gegenwärtigem Kenntnisstand (…), dass ein Lerngegenstand umso besser behalten wird, je öfter er während des Lernens wiederholt wird.“[1] Allerdings gelangen Einzelheiten (z.B. Vokabeln) durch häufiges lautes oder leises wiederholendes Hersagen lediglich immer wieder für höchstens 20 Minuten ins KZG. Um Informationen dauerhaft im LZG zu speichern, reicht stures „Büffeln“ nicht aus.

„Im Gegenteil: Stumpfsinn scheint der Hauptfeind des Lernens zu sein. Mehr Erfolg verspricht, das Gehirn auf stets etwas andere Weise anzuregen, ihm durch variierte Aufgaben und andere Herangehensweisen immer wieder neuen Anlass zur Auseinandersetzung mit dem Thema zu geben, je reicher und vielfältiger, desto besser.“[2] Es gibt viele Möglichkeiten, abwechslungsreich und intensiv mit Informationen zu arbeiten, um sie ins LZG zu bringen: Statt Vokabeln oder Fachbegriffe nur zu „pauken“, sollten wir sie zusätzlich in möglichst selbst gebildeten Beispielsätzen und anderen Zusammenhängen immer wieder verwenden. Oder wir assoziieren, d. h. wir verknüpfen neue Informationen mit uns bereits bekannten. Wer beispielsweise in dem politischen Fachbegriff „Ampelkoalition“ die Verkehrsampel wiedererkennt, wird den politischen Begriff leichter verstehen und behalten. Hilfreich kann es auch sein, Informationen neu zu ordnen bzw. zu Einheiten zusammenzufassen. Statt sich z.B. alle Formeln für die Volumenberechnung gerader Körper einzuprägen, kann man auch mit deren Gemeinsamkeit arbeiten (die Grundfläche wird mit der senkrechten Höhe malgenommen). Diesem Prinzip folgen wir auch, wenn wir aus Texten oder Erzählungen die Hauptideen herausfiltern, um sie zu behalten. Das Benutzen vieler Kanäle (Hören, Sehen, Sprechen, Schreiben usw.) beim Lernen sollte selbstverständlich sein. Von besonderer Bedeutung ist auch die Visualisierung (bildliche Darstellung) der Informationen. Eselsbrücken und andere Merktechniken sind hilfreich, um sich zuvor intensiv erarbeitetes Wissen einzuprägen. „Ferner spielen für das Behalten emotionale Faktoren eine außerordentlich wichtige Rolle: Emotional positive Inhalte werden meist länger behalten als emotional negative.“[3] Alle am Lernen Beteiligten sollten sich auch darüber klar sein, dass Angst unser Gedächtnis blockiert.

[1,3] Der Brockhaus multimedial. Bibliographisches Institut & F.A. Brockhaus. 2005

[2] Geo. 10/2004. S. 170

**11** **Markieren Sie in dem Text bei Aufgabe 10 wichtige Informationen zu der Fragestellung auf Karteikarte 3 und schreiben Sie diese auf die Karteikarte. Sie können eigene Formulierungen verwenden.**

**Karteikarte 2**

*Gedächtnis (2) — Lerntechnik*
*Wie gelangen Informationen vom UZG ins Kurzzeitgedächtnis (KZG)?*

*Damit Informationen, die mir wichtig sind, in mein KZG gelangen, muss ich ihnen Aufmerksamkeit schenken und sie als wichtig kennzeichnen,*
*z.B. durch – Zuhören und Beobachten*
*– Wiederholen*
*– Hervorheben von Textteilen*
*– Skizzen oder Notizen*

*Wichtig auch: Speicherzeit im KZG durch Wiederholungen auf max. 20 Min. verlängerbar*

**Karteikarte 3**

*Gedächtnis (3) — Lerntechnik*
*Wie gelangen Informationen vom KZG ins Langzeitgedächtnis (LZG)?*

# Informationen aus dem Internet beurteilen

**12** **Schreiben Sie den Namen der zugehörigen Datei jeweils über die Texte auf Seite 41.**

- Funktionsweise von Suchmaschinen.doc
- Impressumspflicht.doc
- Phrasensuche.doc
- ~~Prüfung der Internetadresse.doc~~
- Qualität von Verlinkungen.doc
- Sachliche Richtigkeit und Aktualität.doc
- Schutz vor Computerviren.doc
- Ziele und Absichten von Internetseiten
- Zitieren aus dem Internet.doc
- Linklisten.doc
- Einstiegstext für meine Homepage.doc
- Internettexte für Referat IHK.doc

**Beispiel:**

*Prüfung der Internetadresse*

Nicht immer ist an der meistens mit www beginnenden Internetadresse zu erkennen, wer verantwortlicher Inhaber der Webseite ist. So kann der Inhaber einer Seite, in deren Internetadresse Müller-Klassenreisen steht, durchaus Klaus Schulze heißen. Wichtig ist, dass ein für die Inhalte Verantwortlicher auf der Webseite namentlich genannt wird (siehe weiter unten stehende Informationen zur Impressumspflicht). Denn häufig bestehen Internetadressen lediglich aus Nummern. Oftmals ist der Inhaber der Webseite nicht mit dem Impressumspflichtigen identisch.

Erste Hinweise, ob eine Webseite private, politische, kommerzielle oder gar betrügerische Ziele und Absichten hat, kann die Internetadresse enthalten. Es ist z.B. anzunehmen, dass der Inhaber einer Seite mit dem Bestandteil „Klassenfahrten“ nicht Pullover, sondern Reisen für Schulklassen verkaufen will. Eine rein private Webseite (Motto: Dies ist die Homepage von Willi Wichtig!) wird vermutlich Informationen zu ihrem Inhaber anbieten. Vereine wollen ihre Fans mit Informationen versorgen und neue Mitglieder werben. Einige Webseiten haben betrügerische Absichten. Äußerst vorsichtig sollte man sein, wenn im Rahmen von Gewinnspielen nach der Bankverbindung gefragt wird. Sorgfältig zu prüfen sind Download-Angebote. Oft werden beim Herunterladen Programme (Dialer) auf den PC geschmuggelt, die hohe Kosten verursachen.

Im Internet kann nahezu jeder veröffentlichen, was er will. Die Qualität der Informationen aus dem Internet muss deshalb immer kritisch geprüft werden. Ob beispielsweise auf sachliche Richtigkeit Wert gelegt wird, kann daran erkennbar sein, ob die Herkunft einer Information auf der Webseite genannt ist (Quellenangabe). Angaben wie „letzte Überarbeitung“ oder „Stand“ plus Datumsangabe lassen Rückschlüsse auf die Aktualität der angebotenen Informationen zu. Bei Zweifeln sollte man immer weitere Informationsquellen zum Vergleich heranziehen, z.B. andere Internetseiten oder ein Lexikon oder Fachbuch. Wer im Internet eine Reise buchen will, könnte zusätzlich Prospekte anfordern, per E-Mail oder telefonisch um schriftliche Bestätigung der Angaben im Internet bitten o.Ä.

Verbindungen zu anderen Webseiten (Links) können eine große Hilfe sein, wenn man weitere Seiten zu bestimmten Themen finden will, ohne z.B. eine Suchmaschinen-Anfrage zu starten. Häufig führen Links auch auf Seiten von Sponsoren, mit deren Unterstützung Webseiten finanziert werden. An der Aktualität von Links ist oft erkennbar, wie gut eine Internetseite „gepflegt“ wird.

Jeder, der eine Webseite dauerhaft ins Netz stellt, ist gesetzlich verpflichtet, folgende Informationen auf seiner Seite anzugeben: Name (bei Vereinen, Unternehmen u.Ä. Name einer verantwortlichen Person), Postleitzahl, Ort, Straße und Hausnummer. Die Angabe eines Postfaches oder eine E-Mail-Adresse reichen nicht aus. Weiterhin müssen die Telefonnummer und die E-Mail-Adresse genannt werden. Statt der E-Mail-Adresse kann die Internetadresse plus Telefonnummer angegeben werden. Alle Angaben müssen leicht erkennbar und problemlos abrufbar sein (z.B. über einen Link mit der Bezeichnung „Impressum“ oder „Kontakt“).

## **Wichtiges in Kürze:** Sich informieren

| | |
|---|---|
| **Internet-Suchmaschinen** | - Eingeben von zusätzlichen Suchbegriffen führt oft zu weniger und deshalb genaueren Suchergebnissen.<br>- In Anführungszeichen eingeschlossene Wortgruppen (z.B. Zitate oder Namen) werden ausschließlich in dieser Zusammensetzung und Reihenfolge gesucht (String- oder Phrasensuche). |
| **Gliederung von Texten erfassen** | - Schlüsselwörter am Rand notieren<br>- Einzelnen Textteilen Überschriften/Stichworte zuordnen |
| **Karteikarten** | - Ordnungsmittel, um Informationen übersichtlich gegliedert und handlich aufzubereiten<br>- Systematik beachten (z.B. Stichwort mit laufender Nummerierung und Lernbereich auf die Karten schreiben) |
| **Zitieren aus dem Internet** | Quelle angeben (siehe Beispiel bei Aufgabe 6 auf Seite 37) einschließlich des Datums, an dem die Webseite aufgerufen wurde. |

# Berichten

## Tätigkeiten im Berichtsheft nachweisen

**1** **Fügen Sie A für „Auszubildende/n“ und B für „Ausbildende“ (z.B. Betrieb) ein.**

Berichtshefte muss die/der ____ ordnungsgemäß und regelmäßig führen, wenn sie in ihrer/seiner Ausbildungsordnung vorgeschrieben sind.

Die/der ____ muss der/dem ____ Gelegenheit geben, das Berichtsheft während der Ausbildungszeit zu führen.

Wenn die Ausbildungsverordnung Berichtshefte verlangt, sind sie Voraussetzung für die Zulassung der/des ____ zur Abschlussprüfung. (Vergleiche Berufsbildungsgesetz §§ 6, 9.)

**2** **Streichen Sie durch, was nicht in ein Berichtsheft gehört. Fügen Sie jeweils eine der Begründungen 1 bis 3 hinzu. Reden Sie über Ihre Entscheidungen.**

### Berichtsheft

Ausgeführte Arbeiten, Unterricht, Unterweisungen usw.

*Satteldach-Umdeckung Einfamilienhaus:*
*Werkzeug vom Lkw abgeladen und auf dem Gerüst verteilt*
*mit zwei Kollegen die Schüttrutsche ausgerichtet*
*Bauschutt-Container mit grünem Netz überspannt*
*beim Abdecken der alten Pfannen geholfen (3 Std.)*
*alte Traglatten von Sparren entfernt*
*Werkzeuge gesäubert und aufgeladen*

*Berufsschule:*
*Mathe: Aufgaben zu Flächenberechnungen*
*– ~~Ergebnisse verglichen: 127,35 m²; 177,53 m² (2 Trapeze!)~~* ③
*Politik: Praktischer Umweltschutz am Bau*

1 unwichtige Nebensache
2 Das Berichtsheft dient nicht dem Nachweis der Arbeitszeit. (Dies geschieht in Stundenlohnzetteln oder Ähnlichem.)
3 Eintragungen zum Berufsschulunterricht sollen das Unterrichtsthema kurz beschreiben.

**3** **Ordnen Sie die Verbformen (Formen der Tätigkeitswörter) richtig zu.**

Ich habe gearbeitet.
Ich hatte eingesetzt.
Ich setzte ein.
Ich habe berichtet.
Ich hatte gearbeitet.
Ich arbeitete.
Ich berichtete.
Ich hatte berichtet.
Ich habe eingesetzt.

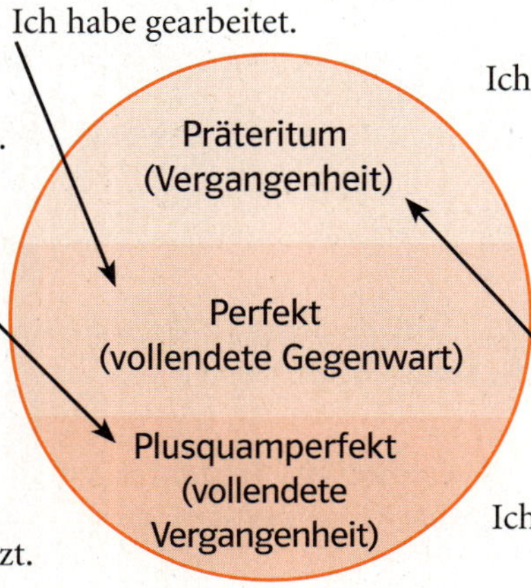

**4** Fassen Sie die Sätze jeweils in Stichworten zusammen.

Bei einem Pkw habe ich den Keilriemen erneuert und das Kupplungsseil ersetzt.

**Beispiel:**
*Keilriemen erneuert, Kupplungsseil ersetzt* ..............................

In einem Lehrgespräch hat mir mein Meister verschiedene Schmierstoffe erklärt.

..............................

Anschließend musste ich bei einem anderen Fahrzeug noch die Zündkerzen ausbauen und erneuern.

..............................

**5** Berichten Sie in Stichworten über die Unterrichtsinhalte eines Berufsschultages.

Ausgeführte Arbeiten, Unterricht, Unterweisungen usw.

**6** Setzen Sie jeweils eine geeignete Konjunktion (Bindewort) ein.

damit Nachdem weil bevor ob dass obwohl

Ich überlegte, welche Werkzeuge ich benötigte, ____________ ich auf die Leiter stieg. ____________ ich den Untergrund sorgfältig gereinigt hatte, konnte ich die Grundierung aufbringen. Ich musste dafür sorgen, ____________ rechtzeitig Material bestellt wurde, ____________ die Mindestreserve unangetastet blieb. Gemeinsam mit meinem Ausbilder überprüfte ich die Funktion der Lichtmaschine noch einmal, ____________ ich meiner Sache ziemlich sicher war. Abschließend habe ich meiner Kollegin den gesamten Vorgang genau erklärt, ____________ ich wissen wollte, ____________ ich alles richtig verstanden hatte.

**7** Berichten Sie ausführlich und mit vollständigen Sätzen. Wählen Sie dafür eine besonders interessante Arbeit oder ein Thema aus dem Schulunterricht aus.

# Einen Unfallbericht anfertigen

Ute Fall
Wagnerweg 5
12345 Musterberg
02345 6789

27.09.2006

BURG-Versicherungen
Schadenaußenstelle
Bergstraße 1
12346 Mustertal

Kfz-Haftpflichtschaden 69-11-826/639-A vom 23.09.2006;
Bernd Knall gegen Ute Fall – Bericht über den Unfallhergang

Sehr geehrte Damen und Herren,

ich übersende Ihnen den gewünschten Bericht über den Unfallhergang:
Am Samstag, dem 23.09.2006, um ca. 15:00 Uhr fuhr ich auf der Mustertaler Straße stadtauswärts Richtung Mustertal. Schon aus der Ferne war mir auf der rechten Seite ein Pkw aufgefallen. Dieser näherte sich auf der Badstraße der Mustertaler Straße. Vor der Einmündung auf die vorfahrtberechtigte Mustertaler Straße blieb der Pkw stehen und wartete. Ich war sicher, dass der Fahrer den Verkehr auf der stark befahrenen Straße sorgfältig beobachtete. Also fuhr ich mit normaler Geschwindigkeit weiter. Aber plötzlich fuhr der Pkw an, um nach links einzubiegen. Da ich nur noch wenige Meter von ihm entfernt war, konnte ich keine Vollbremsung mehr vornehmen. Deshalb bin ich nach links auf die freie Gegenfahrbahn ausgewichen.
Der Pkw hat meinen Wagen trotzdem hinten rechts am Kotflügel knapp getroffen. Die Wucht des Aufpralls war jedoch so gering, dass unsere Fahrzeuge nicht aus der Spur gerieten. Ich konnte an den rechten Fahrbahnrand fahren. Das andere Fahrzeug hielt auf der gegenüberliegenden Straßenseite, nachdem es diese erreicht hatte.

Ich gehe davon aus, dass Sie mithilfe meiner Informationen den Schaden schnell regulieren werden.

Mit freundlichen Grüßen

*Ute Fall*

Anlage
Skizze des Unfalls

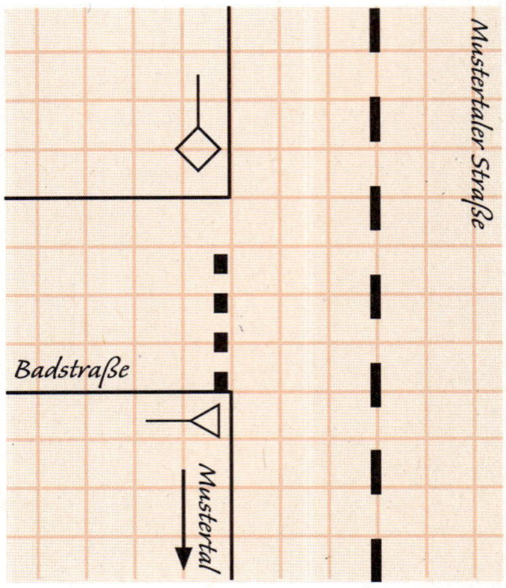


**8** **Vervollständigen Sie die Skizze, die den abgebildeten Unfallbericht veranschaulichen soll.**

**9** **Markieren Sie in dem Unfallbericht alle Informationen, die Herrn Knall betreffen.**

**10** **Berichten Sie aus der Sicht von Herrn Knall über den Unfall (vgl. Aufgabe 9). Erfinden Sie Informationen, die Ihnen fehlen.**

**11** **Schreiben Sie die Straßennamen in richtiger Schreibweise. Sie können im Regelteil eines Lehr- oder Wörterbuches nachschlagen.**

münchenerstraße ……………………………………

brunnenweg ……………………………………

französischestraße ……………………………………

albrechtdürerallee ……………………………………

**12** **Fügen Sie die unten abgebildeten Datums- und Zeitangaben ein. Setzen Sie die Kommas nach dem Muster im Beispielsatz.**

**Beispiel:**

- Ecke Coerde- und Kanalstraße ereignete sich *am Dienstag, dem 8. März, um 17:00 Uhr,* ein schwerer Verkehrsunfall.
- Obwohl ich ______________________________ geboren wurde, bin ich ein Glückspilz.
- Ich lade euch herzlich ein, mit mir ______________________________ meinen Geburtstag zu feiern.
- ______________________________ findet in der Handwerkskammer die Gesellenprüfung statt.
- Wir heiraten ______________________________ im Standesamt.

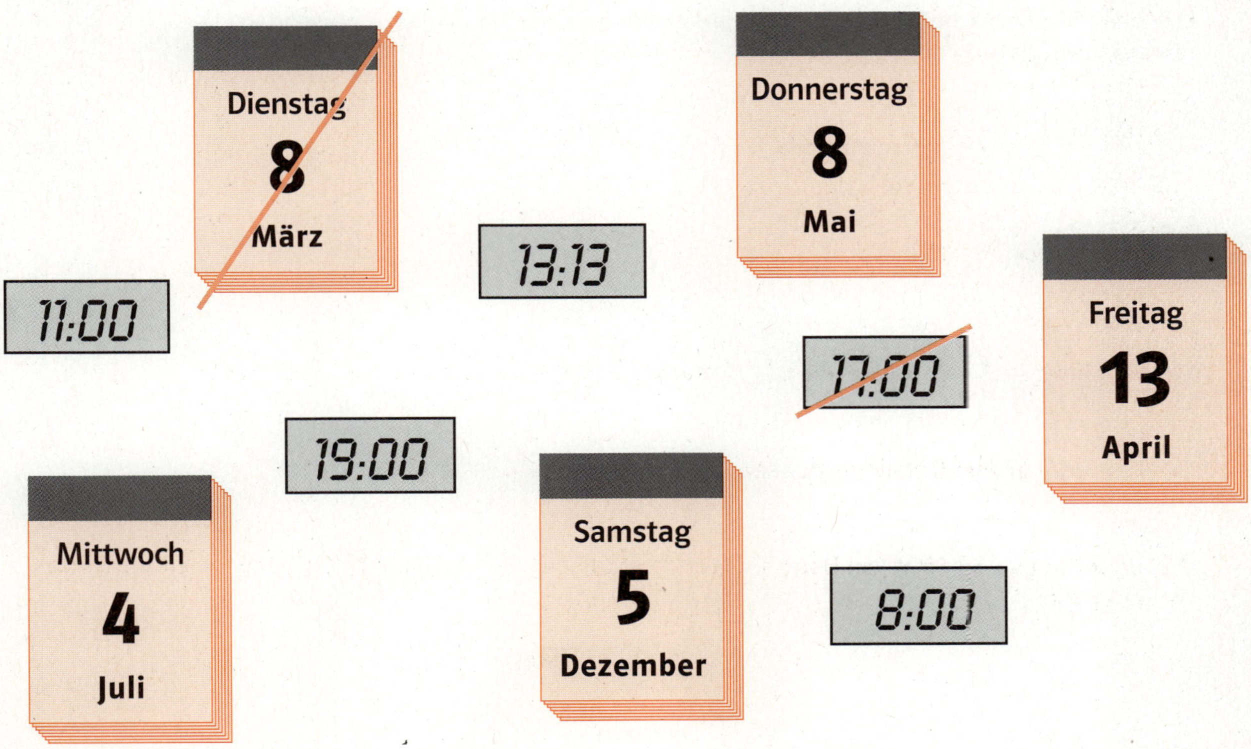

**13** **Bringen Sie die folgenden Teile eines Unfallberichts in die richtige Reihenfolge.**

| | |
|---|---|
| ◯ | Als ich mit dem Stapler die Palette in der Werkstatt absetzen wollte, kam mein Kollege, Herr Bahne, um mich einzuweisen. |
| ◯ | Plötzlich rissen die Stahlbänder, die die Ziegel gesichert hatten, auseinander. |
| ◯ | Dennoch trafen ihn einige Ziegel mit voller Wucht. Herr Bahne hatte eine klaffende Wunde am rechten Knie sowie tiefe Schürfwunden an beiden Unterarmen und am linken Schienbein. |
| ◯ | Während er mich einwies, stand er etwa einen halben Meter vom Stapler entfernt. Die Gabel des Staplers befand sich noch in ca. 1,50 m Höhe, weil ich die Ziegelpalette kurz zuvor über ein Hindernis gehoben hatte. |
| ◯ | Bei der ärztlichen Untersuchung wurde auch ein Gelenkerguss im rechten Knie festgestellt. Da Herr Bahne Sicherheitsschuhe getragen hatte, waren seine Füße unverletzt geblieben. |
| ◯ | Die gesamte vordere Ziegelreihe stürzte Herrn Bahne aus der Höhe entgegen. |
| 1 | Am 17.09.2006 habe ich um ca. 15:00 Uhr mit dem Gabelstapler eine Palette Ziegel in die Übungswerkstatt transportiert. |
| ◯ | Er versuchte die Ziegel mit den Armen abzuwehren. |

**14** **Erfinden Sie einen Arbeits- oder Verkehrsunfall und bereiten Sie den dazu passenden telefonischen Notruf vor.**

Im Notfall

**Polizeinotruf** **110**
**Feuerwehr** **112**
**Wer meldet?** Name und Standort.
**Wo ist es passiert?** Genaue Bezeichnung des Notfallorts.
**Was ist passiert?** Zahl der Verletzten, Erkrankten. Verletzte eingeklemmt?

**15** Spiel: **Legen Sie fest, wer in einem gespielten Telefonat die W-Fragen stellt und wer die zugehörigen Antworten gibt (vgl. Aufgabe 14). Führen Sie dann das gespielte Telefonat so schnell und verständlich wie möglich. Tauschen Sie anschließend die Rollen. Reden Sie über Ihre Erfahrungen.**

**16** **Schreiben Sie möglichst viele Konjunktionen (Bindewörter) auf.**

*aber,* ..............................................................................................................

..............................................................................................................

..............................................................................................................

..............................................................................................................

..............................................................................................................

..............................................................................................................

..............................................................................................................

**17** **Schreiben Sie einen Fantasiebericht, in dem Sie die Konjunktionen (Bindewörter) von Aufgabe 16 verwenden. Ihr Bericht kann eine der folgenden Überschriften zum Thema haben und aus einem „Endlos-Satz" bestehen.**

+++ Mann stürzte bei Erdbeerernte von der Leiter +++

+++ Schiedsrichter ließ 21 Stunden nachspielen – Tausende erschienen heute nicht zur Arbeit +++

+++ Erneut schwere Verletzung beim Zusammenprall zweier Internet-Surfer +++

+++ Knappe Entscheidung beim diesjährigen Tanz der Vampire +++

+++ Fachgerechter Einbau der Zylinderkopfbeleuchtung und Kolbenrückholfedern +++

## Wichtiges in Kürze: Berichten

| | |
|---|---|
| **W-Fragen** | • Wer meldet / ist beteiligt gewesen?<br>• Wo/Wobei ist es geschehen?<br>• Was ist geschehen?<br><br>Falls für das Verständnis des Geschehens erforderlich:<br>• Wann ist es geschehen?<br>• Wie/Warum ist es geschehen?<br>• Welche Folgen hat das Geschehen? |
| **Aufbau** | • Reihenfolge der W-Fragen beliebig; in der Regel das Wichtigste zu Anfang |
| **Zeitformen** | • Präteritum (Vergangenheit),<br>Perfekt (vollendete Gegenwart),<br>Plusquamperfekt (vollendete Vergangenheit) |
| **Sprachliche Gestaltung** | • Sachlich (ohne persönliche Wertungen)<br>• So knapp wie möglich (schnelle Orientierung),<br>jedoch so genau, verständlich und vollständig<br>wie für die Empfängerin/den Empfänger des Berichtes nötig |

# Telefonieren

## Telefongespräche führen

**1** **Kreuzen Sie an und reden Sie über Ihre Entscheidungen.**

**Stimmt das?**

| | richtig | teilweise richtig | falsch |
|---|---|---|---|
| • Am Telefon kann man offener sagen, was man denkt, als bei einem Gespräch unter vier Augen. | ☐ | ☐ | ☐ |
| • Telefonieren ist persönlicher als ein Brief oder eine E-Mail. | ☐ | ☐ | ☐ |
| • Durch Telefonieren kommt man schneller an Informationen als durch einen Brief. | ☐ | ☐ | ☐ |
| • Telefonieren ist bequem. | ☐ | ☐ | ☐ |
| • Peinliche Dinge lassen sich am Telefon leichter sagen als in einem persönlichen Gespräch. | ☐ | ☐ | ☐ |
| • Telefonieren ist billiger als schreiben. | ☐ | ☐ | ☐ |
| • Ein Telefon ist lästig. | ☐ | ☐ | ☐ |
| • Beim Telefonieren kann man auf die Gesprächspartnerin/den Gesprächspartner reagieren, beim Brief nicht. | ☐ | ☐ | ☐ |
| • Beim Schreiben kann man sich genauer ausdrücken als beim Telefonieren. | ☐ | ☐ | ☐ |
| • Telefonieren ist altmodisch. | ☐ | ☐ | ☐ |
| • Telefonieren ist zeitsparender als ein persönliches Gespräch. | ☐ | ☐ | ☐ |

**2** **Notieren Sie, wer jeweils spricht. Ordnen Sie jeden der drei Gesprächsteile.**

NEBENVERDIENST
Tel. 048 777-22

**1**

| Wer spricht? | | Reihenfolge |
|---|---|---|
| | Welche Anzeige meinen Sie, Herr Auer? Wir haben heute zwei Anzeigen in der Zeitung. | |
| A | Guten Tag, Frau Merkle, hier spricht Thomas Auer. | |
| | Sind Sie schon 18, Herr Auer? | |
| | Die Anzeige „Nebenverdienst“. | |
| M | Firma Ohlhauser, Merkle, guten Tag. | 1 |
| | Nein, ich bin 17. | |
| | Ich habe Ihre heutige Anzeige in der Krawer Zeitung gelesen. Welche Tätigkeiten bieten Sie denn an? | |
| | Dann käme für Sie das Erfassen von Adressen infrage. Zudem müssen kleine Werbegeschenke versandfertig gemacht werden. | |

| Wer spricht? | | Reihenfolge |
|---|---|---|
| | Wie viele Stunden könnte ich denn insgesamt arbeiten? | 9 |
| | Ich könnte immer ab 16:30 Uhr arbeiten; samstags den ganzen Tag, falls Sie am Samstag arbeiten. | |
| | Ja, gut. | |
| | Das hängt von Ihnen ab. Die Tätigkeit ist auf drei Monate beschränkt. | |
| | Gut. Dann könnten Sie täglich von 16:30 Uhr bis 19:00 Uhr arbeiten, samstags von 9:00 Uhr bis 13:00 Uhr. | |

2

| | | |
|---|---|---|
| | Wie viel bezahlen Sie pro Stunde? | 14 |
| | Schaffen Sie das zeitlich? Unsere Firma ist in der Siemensstraße. | |
| | Ja, habe ich. Ich könnte gleich heute um 16:30 Uhr vorbeikommen. | |
| | Das hängt von der Art der Arbeit ab. Das Erfassen der Adressen bezahlen wir beispielsweise pauschal. Am besten, Sie kommen mal vorbei. Dann kann ich Ihnen alles zeigen und wir können den Rest besprechen. Haben Sie überhaupt Interesse an einer solchen Arbeit? | |
| | Bis dann, auf Wiederhören, Herr Auer. | |
| | Ja, das geht. Wir sehen uns dann heute Nachmittag. Auf Wiederhören, Frau Merkle. | |

3

**3** **a) Notieren Sie, welche Höflichkeitsformen Marius bei diesem Gespräch nicht beachtet hat.**

**Skateboard günstig abzugeben. • Tel. 07.. ..33**

*(Marius ruft an.)*

**Christine:** Christine Wegener. ..................

**Marius:** Wie viel kostet das Skateboard? ..................

**Christine:** Guten Tag. Warum fragen Sie? Wollen Sie es kaufen? ..................

**Marius:** Nee, das weiß ich nicht, aber Sie haben doch eine Anzeige in der Zeitung. ..................

**Christine:** Ja, aber das Skateboard ist schon verkauft. ..................

**Marius:** Ach so (*legt den Hörer auf*). ..................

**b) Was müsste Marius zuerst fragen?**

..................

..................

**4** **Spiel: Führen Sie das Gespräch (siehe Aufgabe 3) mit verteilten Rollen „richtig".**

# Einen Stichwortzettel machen

**5** **Entwerfen Sie einen Stichwortzettel, bevor Sie sich auf die Anzeige rechts telefonisch melden.**

Beispiel:

**Kinderbetreuung** für 1–2 Abende pro Woche gesucht. Tel. 053.. 78..

*Stichwortzettel*

- *Wo?*
- *Wann? (Wochentag)*
- *Wie lange? (Uhrzeit)*
- *Alter der Kinder?*
- *Bezahlung?*
- *Werden Kosten für die Anfahrt übernommen?*
- *Vorstellungstermin?*

**Mitarbeiter/in** für einfache Büroarbeiten gesucht. Stundenweise Bezahlung. Tel. 021.. 59..

**6** **Schreiben Sie die Punkte auf, die vor dem folgenden Telefongespräch auf einem Stichwortzettel stehen sollten.**

B: Ticket-Service, Bauer.
S: Hallo, Herr Bauer. Hier ist Boris Schumacher.
B: Guten Tag, Herr Schumacher.
S: Ich hätte gerne Karten für das Konzert von Pit Pank Lok.
B: Für welches?
S: Das Konzert in Leipzig am 30. April.
B: Welche Kategorie: 2 oder 3? 1 ist für dieses Konzert bereits ausverkauft.
S: Was bedeuten Kategorie 2 und 3?
B: Kategorie 2 bedeutet Innenraum hinten, Preis 38 €. Kategorie 3 bedeutet Seite bestuhlt.
S: Wie viel kostet Kategorie 3?
B: Ach so, 29,50 €.
S: Wenn ich jetzt wüsste, ob meine Kumpels so viel zahlen wollen. Sie meinten nämlich, die Karten würden höchstens 25 € kosten.
B: Wie viele Karten wollen Sie denn?
S: Je eine und eine für mich, also drei Karten.
…

*Stichwortzettel*

# Eine Gesprächsnotiz verfassen

**7** **Lesen Sie das Telefongespräch.**

B: Simon Barth.
K: Guten Morgen, Herr Barth. Hier spricht Anke Kofler. Könnte ich bitte Katharina sprechen? Ich rufe wegen der Nachhilfe an.
B: Guten Morgen, Anke. Meine Schwester ist im Augenblick leider nicht da. Kann ich ihr was ausrichten?
K: Ja, das wäre nett. Ich habe mit ihr schon gestern telefoniert. Könnten Sie ihr bitte sagen, dass ich am Donnerstag doch Englisch nehmen kann. Ich wollte nämlich zuerst am Mittwoch zur Nachhilfe kommen. Das passte aber bei Katharina nicht.
B: Um welche Uhrzeit am Donnerstag?
K: Um 17:00 Uhr. Mathe kann ich allerdings nicht zur vereinbarten Zeit nehmen. Sagen Sie ihr bitte, dass ich nur eine Stunde früher oder zwei Stunden später kommen könnte.
B: Wann sollte die Mathenachhilfe denn stattfinden?
K: Am Freitag um 15:30 Uhr.
B: Gut!
K: Ich sollte aber bis nächsten Mittwoch Bescheid wissen, ob es mit der Mathenachhilfe klappt. Allerdings bin ich heute Nachmittag und morgen nicht erreichbar.
B: O.K. Ich werde es meiner Schwester ausrichten.
K: Vielen Dank. Auf Wiederhören.
B: Tschüss, Anke.

**8** **Tragen Sie r (= richtig) oder f (= falsch) ein. Welche Aussagen sind richtig, welche falsch?**

A) Anke kann doch am Donnerstag Nachhilfeunterricht in Englisch nehmen. ○
B) Sie könnte auch am Mittwoch zur Nachhilfe in Englisch kommen. ○
C) Sie will am Donnerstag Nachhilfe in Englisch haben, es wären aber auch alle anderen Tage möglich. ○
D) Am Donnerstag um 17:00 Uhr soll die Nachhilfe in Englisch beginnen. ○
E) Der Nachhilfeunterricht in Englisch sollte eigentlich Freitag sein. ○
F) Die Nachhilfe in Mathe ist für Mittwoch geplant. ○
G) Anke möchte Nachhilfeunterricht in Mathe am Freitag um 15:30 Uhr. ○
H) Anke kann am Freitag nur um 14:30 Uhr Nachhilfe in Mathe nehmen. ○
I) Anke kann am Freitag ab 14:30 Uhr oder ab 17:30 Uhr Nachhilfe in Mathe nehmen. ○
J) Simon sollte Anke noch einmal anrufen. ○
K) Anke wartet auf den Anruf von Katharina. ○
L) Anke erwartet den Anruf von Katharina am Nachmittag oder am nächsten Tag. ○
M Anke sollte bis Mittwoch angerufen werden. ○
N) Anke ist heute Nachmittag telefonisch nicht erreichbar. ○
O) Anke ist morgen telefonisch nicht erreichbar. ○

**9** **Schreiben Sie auf, welche Informationen Simon für seine Schwester Katharina (siehe Seite 51) notieren müsste.**

..........................................................................................

..........................................................................................

..........................................................................................

..........................................................................................

..........................................................................................

..........................................................................................

..........................................................................................

**10** **Tragen Sie die Informationen für Herrn Sassen in knapper Form in die Gesprächsnotiz ein. Ergänzen Sie fehlende Zeitangaben.**

V: Gartenbauamt, Vogt, guten Morgen.
P: Guten Morgen, Frau Vogt. Hier spricht Peltner. Ist Herr Sassen zu sprechen?
V: Nein, er ist in einer Besprechung. Kann ich ihm etwas ausrichten?
P: Ja, das wäre sehr freundlich. Ich habe ihm vorher eine falsche Telefonnummer genannt. Frau Feiner hat die Nummer 635493, nicht 635428. Und wegen des Geschenks für Herrn Blume braucht er mich nicht mehr zurückzurufen. Das hat sich erledigt.
V: Gut, ich habe es notiert. Ist das alles, Herr Peltner?
P: Ja, vielen Dank, Frau Vogt. Einen schönen Tag wünsche ich Ihnen noch.
V: Danke, gleichfalls. Auf Wiederhören, Herr Peltner.
P: Danke, auf Wiederhören, Frau Vogt.

Gesprächsnotiz

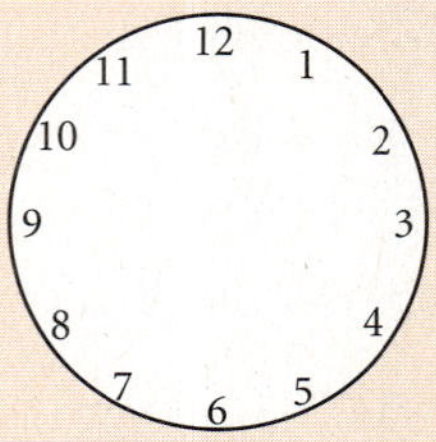


An ______________________ Datum ______________________

Frau/Herr ______________________

von der Firma ______________________

◯ hat angerufen
◯ hat vorgesprochen
◯ erbittet Anruf
◯ wird wieder anrufen
◯ wird wieder vorsprechen
◯ wünscht Verabredung

Telefon ______________________

Notizen ______________________

______________________

______________________

______________________

______________________

Unterschrift ______________________

## 11 Formulieren Sie die folgenden Aussagen in knapper Form.

**A)** Teilen Sie ihr doch bitte mit, dass sie mich bis 18:00 Uhr zurückrufen soll. Danach bin ich wahrscheinlich weg.

**B)** Herr Mager hat 1 % Skonto zu viel abgezogen. Richten Sie ihm doch bitte aus, er solle den Restbetrag überweisen oder heute zurückrufen und erklären, wie es zu diesem Vorgang kam.

**C)** Ich wollte Ihre Kollegin nur fragen, ob wir die drei Plakatwände für unser Vereinsfest dieses Jahr wieder ausleihen könnten. Die waren für unsere Zwecke ideal. Wir würden sie auch wieder abholen und zurückbringen. Das wäre kein Problem. Am besten, ich rufe Ende der Woche noch einmal an, wenn sie wieder zurück ist.

**Beispiel:**
*Bitte bis 18:00 Uhr zurückrufen!*

## 12 Wandeln Sie die unklaren Gesprächsnotizen in knappe und eindeutige Notizen um.

**A)** Rückruf bis 16:30 Uhr.

**B)** Anderer Termin!

**C)** Defekter Klangregler.

**Beispiele:**
*– Bitte rufen Sie bis 16:30 Uhr zurück.*
*– Sie werden bis 16:30 Uhr zurückgerufen.*

## 13 Spiel: Gruppen spielen gegeneinander. Jedes Gruppenmitglied sucht sich aus dem Branchenverzeichnis/den Gelben Seiten einen Beruf aus, der von einer anderen Gruppe erraten werden soll.

**Notieren Sie sich zu „Ihrem Beruf" eine Telefonnummer, die Sie offen zeigen. Sie werden dann von einem Mitglied einer anderen Gruppe „angerufen" und über Ihren Beruf ausgefragt. Wird Ihr Beruf in zwei Minuten nicht erraten, ist ein Mitglied Ihrer Gruppe dran und befragt jemanden aus der anderen Gruppe usw. Gewonnen hat die Gruppe, die die meisten Berufe erraten hat.**

### Wichtiges in Kürze: Telefonieren

| | |
|---|---|
| **Höflichkeitsformen** | • Eigenen Namen nennen<br>• Grüßen<br>• Gesprächspartner/in mit Namen anreden<br>• Bitten/Fragen höflich vortragen<br>• Sich verabschieden |
| **Stichwortzettel** | • Immer vor wichtigen Gesprächen anfertigen<br>• Stichworte nach Wichtigkeit ordnen |
| **Gesprächsnotiz** | • Eindeutig, knapp, aber verständlich formulieren<br>• Formvorschlag siehe Seite 52 |

# Briefe schreiben

## Entschuldigungen schreiben

**1** **Vergleichen Sie die beiden Schreiben. Markieren Sie im Schreiben B die Fehler und notieren Sie, was fehlt.**

A)

*Christa Kant* *22. Sept. 2006*
*Pappelweg 7*
*18147 Rostock*

*Entschuldigung*

*Sehr geehrter Herr Faller,*

*mein Sohn Maximilian konnte vom 19.–22. Sept. 2006 die Schule nicht besuchen. Er hatte eine Erkältung. Bitte entschuldigen Sie, dass er gefehlt hat.*

*Mit freundlichen Grüßen*

*Ch. Kant*

- Formfehler
- 2 Fehler bei der Zeichensetzung
- 1 inhaltlicher Fehler

B)

*Entschuldigung!*

*Hiermit entschuldige ich meinen Sohn Maximilian. Er konnte vom 19.–22. Sept. 2006 nicht zur Schule kommen.*

*Hochachtungsvoll.*

*Ch. Kant*

**2** **Kreuzen Sie an und reden Sie über Ihre Entscheidungen.**

In einem Entschuldigungsschreiben

| | Ja | Nein |
|---|---|---|
| • kann man die Anschrift weglassen, wenn man das Schreiben persönlich übergibt. | | |
| • muss man immer die Gründe für das Fehlen angeben. | | |
| • kann man auf die Datumsangabe verzichten. | | |
| • darf man als Minderjährige/r selbst unterschreiben. | | |

**3** **Bitten Sie in einem Schreiben an die Schulleiterin/den Schulleiter um eine 2-tägige Befreiung vom Unterricht, weil Sie mit Ihrem Sportverein zu einem Turnier in Österreich fahren wollen. Geben Sie Ihre Klassenbezeichnung und den Namen Ihrer Klassenlehrerin/Ihres Klassenlehrers an.**

**4** **Setzen Sie die passende Konjunktion (Bindewort) ein.**

wenn • wenn • dass • dass • dass • obwohl • weil • denn • und • sodass/so dass

**A)** ____________ die S-Bahn Verspätung hat ________ der Anschlusszug nicht wartet, kann ich erst um 7:50 Uhr weiterfahren, ____________ ich erst um 9:15 Uhr zum Unterricht kommen kann.

**B)** Bitte entschuldigen Sie, ____________ ich 10 Minuten zu spät kam.

**C)** ____________ ich einen Termin hatte, musste ich sehr lange warten; ________ zwei Notfälle mussten zuerst behandelt werden. Der Arzt entschuldigte sich, ________ ich erst gegen 11:00 Uhr aufgerufen wurde.

**D)** Ich habe Verständnis dafür, __________ Sie sagen, __________ Sie das nur in Ausnahmefällen genehmigen. Ich bin aber der Ansicht, __________ ich einen Entschuldigungsgrund habe.

**5** **Bilden Sie aus den Substantiven (Hauptwörtern) Adjektive (Eigenschaftswörter). Setzen Sie jeweils die 4 mit Bindestrich davor.**

4

Male  
Seiten  
~~Spalten~~  
Prozent  
Wochen  
Blätter

**Beispiel:**

*4-spaltig* .................... ....................

.................... ....................

.................... ....................

**6** **Kombinieren Sie die in Aufgabe 5 gebildeten Adjektive (Eigenschaftswörter) mit einem passenden Substantiv (Hauptwort).**

**Beispiel:**

*(ein) 4-spaltiger* .................... Artikel (auch: vierspaltiger)

.................... Entschuldigungsschreiben

.................... Rhythmus

.................... Kleeblatt

.................... Preisnachlass

.................... Weltmeister

# An Firmen schreiben

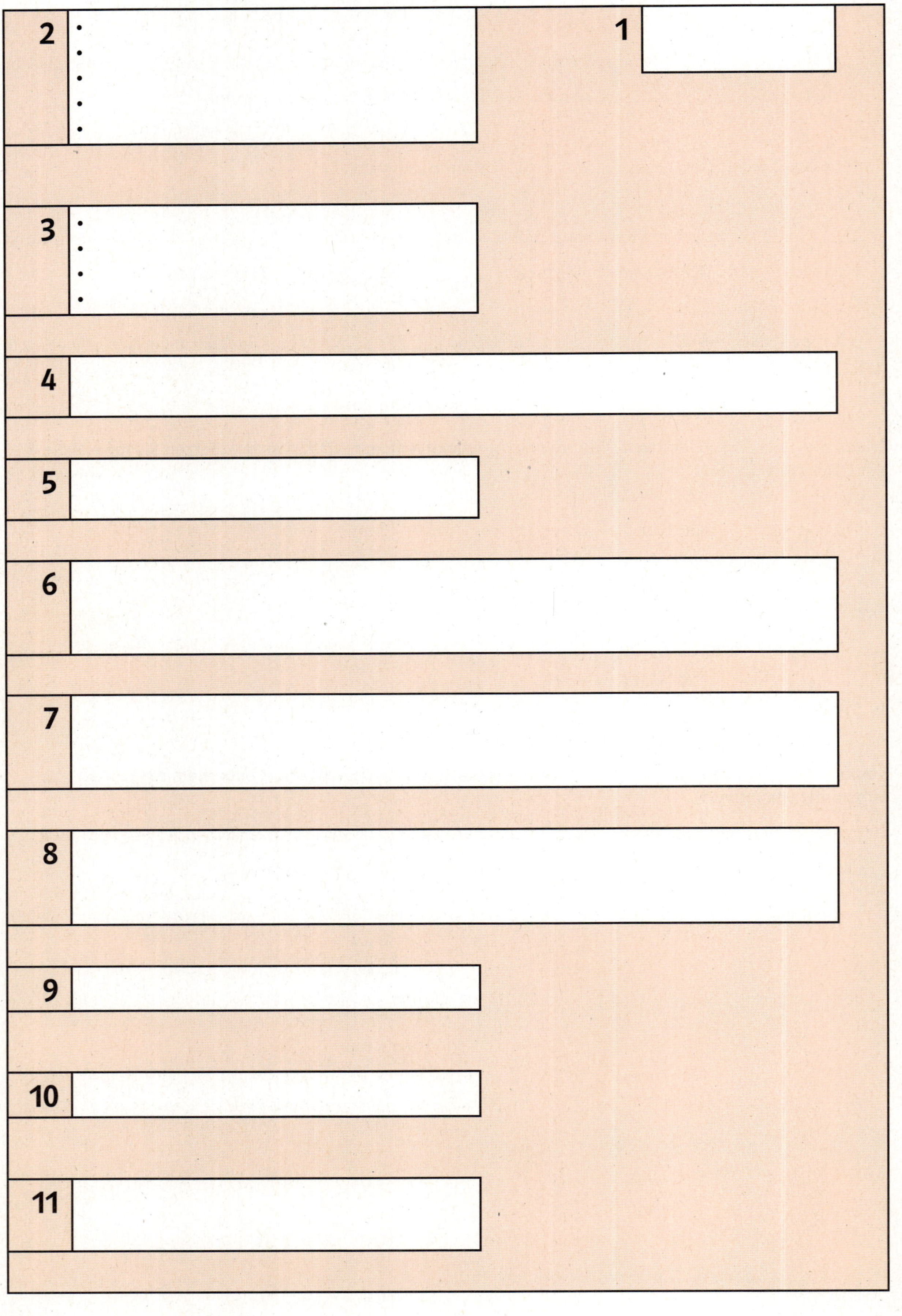

## 7 Schreiben Sie die fett gedruckten Wörter in die richtigen Kästchen auf Seite 56.

– **Anrede** (z.B. Sehr geehrte Damen und Herren, …)
– **Betreff** („Worum es geht“ in Kurzform)
– **Absender** (Name, Adresse, Telefonnummer und evtl. Faxnummer)
– **Grußformel** (z.B. Mit freundlichen Grüßen)
– **Datum**
– **Anlass des Schreibens** (ausführlich angeben, worum es geht)
– **Unterschrift** (handschriftlich)
– **Begründung geben / Bitte aussprechen / Schlussfolgerung ziehen**
– **Anlagen** (auflisten, was dem Schreiben beiliegt)
– **Empfänger/in** (Name, Adresse)
– **Positive Erwartung ausdrücken** (z.B. Ich würde mich freuen, wenn …)

## 8 Bewerten Sie die folgenden Aussagen mit 1 (= weniger wichtig) bis 5 (= sehr wichtig). Reden Sie über Ihre Ergebnisse.

| In Briefen an Firmen | 1 | 2 | 3 | 4 | 5 |
|---|---|---|---|---|---|
| • sollte man fehlerfrei schreiben. | | | | | |
| • geht es oft um Bitten oder Anliegen und man sollte deshalb höflich schreiben. | | | | | |
| • sollte man eine bestimmte Form einhalten, um die Bearbeitung zu erleichtern. | | | | | |
| • sollte ein breiter Rand für Bearbeitungsvermerke eingehalten werden. | | | | | |
| • sollte man streng bei der Wahrheit bleiben. | | | | | |
| • sollte man so schreiben, dass keine Rückfragen nötig sind. | | | | | |
| • sollte man auch etwas Witziges schreiben. | | | | | |
| • ist es am besten, alles auf eine Seite zu schreiben. | | | | | |
| • sollte man sich sachlich, klar und verständlich ausdrücken. | | | | | |
| • darf man den ersten Satz nicht mit „ich“ beginnen. | | | | | |

## 9 Schreiben Sie das Anredepronomen (Anredefürwort) „Sie“ und die abgeleiteten Formen (Ihr, Ihnen, Ihrem …) groß, das Anredepronomen „du“ und die abgeleiteten Formen (du, dich, eurem …) klein oder groß.

**A)** Bitte schicken ______ mir ______ kostenloses Prospektmaterial über die Ferienanlage „Sunshine“ in Florida.

**B)** Vor drei Wochen habe ich bei ____________ das Fanshirt S 12 bestellt, das bis jetzt nicht angekommen ist. In ________ Werbung versprechen _____ jedoch eine Lieferung innerhalb von fünf Tagen.

**C)** Hallo Gerd, ich habe ______ gestern gesagt, dass __________ ____________ mit der Reparatur meines Fahrrads nicht beeilen musst. Nun brauche ich es aber doch morgen schon. Ich hoffe, ________ hast Zeit dafür.

**D)** Erst vor ein paar Tagen haben _______ mir ________ Skihandschuhe als beste Markenware verkauft. Jetzt stelle ich fest, dass sie erhebliche Mängel haben.

**10** a) **Streichen Sie jeweils einen falschen Textbaustein durch.**
b) **Schreiben Sie die Reklamation in der richtigen Reihenfolge.**

Mit freundlichem Gruß

Tschüss

Mit freundlichen Grüßen

Garantieschein
...
Bei Reklamationen wenden Sie sich an folgende Adresse:
EGN-Service
Postfach 60 32
**86157 Augsburg**

27. Oktober 2005

05-10-27

Oktober 2005, 27

am 29. September 2005 habe ich im Einkaufsmarkt BROMM in Jena die beiliegende Schlagbohrmaschine gekauft. Nach nur kurzzeitigem Gebrauch weist sie jetzt folgende Mängel auf:

diese Schlagbohrmaschine, KSB 650 E, habe ich erst vor kurzem gekauft. Die erste Zeit war ja alles noch in Ordnung. Aber jetzt funktioniert fast gar nichts mehr.

Raphael Reich
07745 Jena

Raphael Reich
Meißener Str. 16
07745 Jena
0341 898
Fax 0341 870

Reklamation

Kauf einer Schlagbohrmaschine

Sehr geehrte Damen und Herren,

Sehr geehrte Herren!

Sehr geehrte Damen,
sehr geehrte Herren,

EGN-Service
Postfach 60 32
86157 Augsburg

Firma
BROMM
Einkaufsmarkt

Man drückt einen Hebel, aber die Maschine tut nicht das, was sie sollte. So ist es beim Bohren wie beim Schrauben.

Reparieren Sie die Maschine auf Ihre Kosten oder schicken Sie mir schleunigst eine neue, andernfalls werde ich einen Rechtsanwalt einschalten. Ich habe ja noch Garantie.

1. Der Linkslauf funktioniert nicht mehr.
2. Der Bohrhammer lässt sich nicht mehr stufenlos einstellen.
3. Das Gehäuse wird nach kurzer Zeit so heiß, dass man die Maschine kaum mehr anfassen kann.

Bitte reparieren Sie die Maschine oder schicken Sie mir eine neue.

**Anlagen**
Schlagbohrmaschine KSB 650 E, Einkaufsbon, Garantieschein

**Anlage:**
Die Garantie von Ihrer Firma

Ich fordere Sie auf, die Angelegenheit schnellstmöglich zu regeln.

Ich wäre Ihnen dankbar, wenn Sie meiner Bitte möglichst bald nachkommen würden.

*Raphael Reich*

*R. R.*

**11** **Hier sind zwei Briefe durcheinandergeraten. Kennzeichnen Sie farbig, welche Teile zusammengehören.**

| | |
|---|---|
| Tanja Diez<br>Dreifelderweg 9<br>72222 Sinsheim<br>073188 9876<br><br>Bisher:<br>Wasenacker 23<br>73333 Gundelsheim<br><br>2005-09-19 | Tanja Diez<br>Dreifelderweg 9<br>72222 Sinsheim<br>073188 9876<br><br>2005-09-19 |
| Einschreiben<br><br>Firma<br>Alexander Barth<br>Breite Allee 17<br>75000 Offenburg | Bausparkasse Freies Wohnen<br>Am Markt 2<br>75444 Bruchsal |
| Änderung meiner Kontonummer<br>Bausparvertrag Nr. 16 023 772 029 | Widerruf des Kaufvertrags Nr. 67 315 |
| Sehr geehrte Damen und Herren, | Sehr geehrter Herr Barth, |
| über Ihren Vertreter, Herrn Niebaum, habe ich vor drei Tagen, am 16. September 2005, ein Jahresabonnement der Zeitschrift „TV aktuell" bestellt. | durch meinen Umzug hat sich auch meine Bankverbindung geändert. Mein Konto habe ich jetzt bei der<br><br>Stadtbank Sinsheim<br>Kto.-Nr. 2345 6432<br>BLZ 658 200 01 |
| Ihre Abbuchungen sollten zum nächstmöglichen Termin von diesem Konto erfolgen. | Diesen Kaufvertrag widerrufe ich. |
| Mit freundlichen Grüßen<br><br>*Tanja Diez* | Mit freundlichem Gruß<br><br>*Tanja Diez*<br><br>Anlage<br>Kopie der Bestellung |

**12** **Setzen Sie die richtigen Teile aus Aufgabe 11 zu je einem Brief zusammen.**

**13** **Ordnen Sie dem jeweiligen Betreff eine passende Adresse zu.**

Frau
Dr. Jutta Sinder
An der Alten Linde 4
12333 Merken — *1*

Einschreiben
Herrn
Wolfgang Rawert
Saarbrücker Str. 23
50044 Perkau — *2*

Betreff A: Zweite Mahnung ☐
Betreff B: Bitte um ein Angebot ☐
Betreff C: Ihre Bestellung vom 31. Juli 20.. ☐
Betreff D: Bewerbung als Arzthelferin ☐

Druckhaus GmbH
Herrn Kurt Lohrer
Jürgen-Walser-Platz
23445 Harborn — *3*

Warensendung
Wirt & Lahn KG
Werbeabteilung
Postfach 35 68
98765 Naning — *4*

**14** **Vereinfachen Sie die Sätze, indem Sie Überflüssiges streichen.**

A) Hiermit bestelle ich die Uhr von Seite 23, die Sie groß abgebildet haben. Aber sie sollte schon bis 50 m wasserdicht sein. Ich hoffe, dass Ihre Angaben im Katalog auch zutreffen. Sie haben auf jeden Fall bei meiner Uhr mit der Bestellnummer 129 584 angegeben, dass sie bis 50 m wasserdicht ist.

B) Das kann ja nicht sein, dass ich einen Schal vom FCF bestellt habe. Ich bin praktisch von Geburt an Fan des SV G. Das muss also eine üble Verwechslung sein. Seien Sie doch bitte so nett und schicken Sie mir den Fanschal vom SV G. Da ich den Schal des FCF kaum anfassen kann, schicke ich ihn selbstverständlich zurück.

C) Sie werden sich vielleicht ärgern, dass Sie schon wieder so viel Schreibarbeit durch mich haben. Aber meine Adresse hat sich nun leider erneut geändert.

**15** **Schreiben Sie bestimmt, aber bleiben Sie höflich.**

| | |
|---|---|
| A) Sie haben mir ein Exemplar zu wenig geschickt. Das ist eine Sauerei. Ich erwarte, dass Sie das fehlende Exemplar sofort nachschicken, sonst werde ich gerichtlich gegen Sie vorgehen. | **Beispiel:**<br>*Ein Exemplar hat bei Ihrer Sendung gefehlt.*<br>*Bitte senden Sie es mir möglichst bald nach.* |
| B) Sie sind wohl verrückt geworden, mir diese Ware zur Ansicht zu schicken. Das habe ich nie und nimmer verlangt. Zudem habe ich nur Ärger damit; ich kann jetzt in der Gegend herumrasen und das Zeug zurückschicken. | |
| C) Vor mehr als 5 Wochen habe ich Ihnen geschrieben. Bis heute haben Sie mir nicht geantwortet. Das ist ja wohl eine Frechheit. Das lasse ich mir nicht bieten. Wenn Sie jetzt nicht innerhalb einer Woche reagieren, werde ich mich an Ihren Vorgesetzten wenden. | |

**16** **Verfassen Sie einen Antwortbrief auf das Schreiben auf Seite 61.**

Volker Losch
An der Tränke 10
37079 Göttingen

4. März 2006

Firma
Wölfer
Industriestraße 84
24796 Bovenau

Sehr geehrte Damen und Herren,

bereits am 25.10.2005 und 28.12.2005 setzte ich mich mit Ihnen in Verbindung, erhielt bis heute aber keine Reaktion aus Ihrem Hause. Also nehme ich an, dass diese Schreiben auf dem Postwege verloren gingen. Und da ich sehr an einer Antwort interessiert bin, versuche ich heute erneut Kontakt mit Ihnen aufzunehmen:

Gestern stach mir Ihre Anzeige förmlich ins Auge: „Nagelprobleme?“, fragte mich Ihre Annonce und ich kann Ihnen mitteilen, dass Sie mit dieser Frage den Nagel auf den Kopf getroffen haben.

Denn in meinem Beruf als Zimmermann bekomme ich immer größere Probleme, die langen Zimmernägel ins Dachgebälk zu hämmern. Entweder haue ich die Nägel krumm oder treffe sie überhaupt nicht und des Weiteren schlägt mir die geballte Härte der Nägel den Hammer immer wieder aus der Hand. Ich weiß nicht, woran das liegen könnte, denn mein Augenarzt und auch mein Hausarzt konnten keine Veränderungen meiner Sehkraft und Gesundheit feststellen, so dass es wohl ein Rätsel bleiben wird. Und obwohl mich Ihr nagelneues Produkt „Gabunat“, das angeblich meine Nagelprobleme lösen soll, sehr reizt, und ich es mir am liebsten sofort unter den Nagel reißen würde, muss ich mich vorher aber erkundigen, in welcher Art und Weise Ihr Medikament wirkt.

Muss ich Tabletten, Tropfen, Zäpfchen oder Salbe selber anwenden oder muss ich damit meinen Hammer behandeln? Möglicherweise muss „Grabunat“ auch mit den Stahlnägeln in Berührung kommen, damit ich sie besser in die Dachlatten und Balken treiben kann? Bitte beantworten Sie diese Fragen, denn dieses Nagelproblem brennt mir unter den Nägeln.

Ich hoffe, dass Sie mich davor bewahren können, meinen geliebten Beruf an den Nagel zu hängen, so dass ich voller Vorfreude auf Ihre rettende Antwort verbleibe und mich schon jetzt für Ihre Bemühungen bedanke.

Mit freundlichen und nagel(f)eiligen Grüßen

*Volker Losch*

Volker Losch: Postlabernd. Bleicher Verlag, Gerlingen, 3. Auflage 1996

## **Wichtiges in Kürze:** Briefe schreiben

| | |
|---|---|
| **Form** | • Siehe Seite 56 |
| **Aufbau** | • Übersichtliche Gestaltung (siehe auch das Bewerbungsschreiben Seite 64) |
| **Inhalt** | • Beschränkung auf das Wesentliche, aber verständliche Darstellung des Anliegens |
| **Stil und Sprache** | • Sachlich, höflich, klar und knapp |

# Bewerben

## Was will ich und wer bin ich?

**1** **Kreuzen Sie an, was auf Sie zutrifft. Reden Sie über Ihre Entscheidungen.**

### Ich

- habe bereits einen Ausbildungsplatz. ❑
- will einen Ausbildungsplatz finden. ❑
- werde nach der Ausbildung nur befristet übernommen. ❑
- muss mir trotz zugesagter Übernahme nach der Ausbildung vielleicht einen neuen Arbeitsplatz suchen. ❑
- will nach der Ausbildung den Arbeitgeber wechseln. ❑
- will nach der Ausbildung den Beruf wechseln. ❑
- will nach der Ausbildung eine zusätzliche Lehre machen. ❑
- will nach der Ausbildung in eine Gegend mit besseren Berufsaussichten ziehen. ❑
- ........................................ ❑
- ........................................ ❑

| **Folgende Tätigkeiten reizen mich** | nicht | etwas | sehr |
|---|---|---|---|
| **mit Technik und Werkzeugen umgehen,** z.B. | | | |
| – Maschinen bedienen und reparieren | ❑ | ❑ | ❑ |
| – mit technischen Zeichnungen arbeiten | ❑ | ❑ | ❑ |
| – neue Werkzeuge ausprobieren | ❑ | ❑ | ❑ |
| **mit Menschen umgehen,** z.B. | | | |
| – Kunden beraten | ❑ | ❑ | ❑ |
| – mich in andere Menschen einfühlen | ❑ | ❑ | ❑ |
| – in der Gruppe gemeinsam Probleme lösen | ❑ | ❑ | ❑ |
| **gestalterisch tätig sein,** z.B. | | | |
| – Formen von Gegenständen verbessern | ❑ | ❑ | ❑ |
| – Bilder malen und Skizzen anfertigen | ❑ | ❑ | ❑ |
| – mit Farben und Formen „spielen" | ❑ | ❑ | ❑ |
| **soziale Aufgaben übernehmen,** z.B. | | | |
| – andere beraten und ihre Probleme anhören | ❑ | ❑ | ❑ |
| – Kranke pflegen oder betreuen | ❑ | ❑ | ❑ |
| – alten Menschen helfen | ❑ | ❑ | ❑ |
| **Büroarbeiten erledigen,** z.B. | | | |
| – Listen und Tabellen bearbeiten | ❑ | ❑ | ❑ |
| – Rechnungen schreiben | ❑ | ❑ | ❑ |
| – Formulareintragungen überprüfen | ❑ | ❑ | ❑ |

**2** **Tragen Sie Ihre Ergebnisse von Aufgabe 1 in das folgende „Bild" ein. Ergänzen Sie weitere persönliche Angaben.**

## Ein „Bild" von mir

Meine berufliche Situation: *Ich* ..........................................................................

..........................................................................

Es reizt mich sehr, ..........................................................................

..........................................................................

..........................................................................

Tätigkeiten wie z.B. ..........................................................................

.......................................................................... reizen mich nicht.

Etwas reizt es mich, ..........................................................................

Mein Traumberuf: ..........................................................................

Meine Lieblingsfächer in der Schule: ..........................................................................

Nicht so gerne habe ich die Fächer: ..........................................................................

Meine größte persönliche Stärke: ..........................................................................

..........................................................................

Meine größte persönliche Schwäche: ..........................................................................

..........................................................................

Wenn ich nicht mit Freundinnen oder Freunden zusammen bin, verbringe ich meine Freizeit am liebsten damit,

..........................................................................

..........................................................................

..........................................................................

**3** **Tauschen Sie Ihr „Bild" von Aufgabe 2 gegen das „Bild" einer Mitschülerin/eines Mitschülers. Schreiben Sie mindestens zwei Fragen auf, die Sie ihr/ihm zu dem „Bild" stellen möchten.**

**Beispiel:**

*Christoph, ich habe in deinem „Bild" gesehen, dass du nach der Lehre noch eine andere Ausbildung machen möchtest. Warum willst du das tun?*

**4** **Stellen Sie Ihrer Mitschülerin/Ihrem Mitschüler in einem Gespräch die Fragen, die Sie bei Aufgabe 3 notiert haben.**

# Das Bewerbungsschreiben anfertigen

Klaus Gerge
Hauptstraße 86
45678 Musterhausen
Tel. 01234 987654 ②

25. April 2006 ①

Autohaus Musterwagen GmbH
Frau Eva Matzke
Nebenstraße 68
56789 Ortschaft ③

**Bewerbung um die ausgeschriebene Ausbildungsstelle als Kfz-Mechaniker** ④

Sehr geehrte Frau Matzke, ⑤

im Tagesanzeiger vom 25. April 2006 habe ich die Anzeige gelesen, mit der Sie zum 1. August 2006 einen Auszubildenden suchen. Ich bewerbe mich bei Ihnen um diesen Ausbildungsplatz. ⑥

Seit meinem Praktikum im Autohaus Apel weiß ich, dass mir der Beruf des Kfz-Mechanikers auch in der Praxis liegt. In meiner Praktikumsbescheinigung können Sie sehen, dass ich vor allem im Bereich Elektronik/Karosserie erste Erfahrungen gemacht habe. Auch die von Ihnen gewünschte Einsatzfreude wird mir dort bescheinigt.

Bis zum Juli 2006 besuche ich noch das Berufsgrundschuljahr im Berufsschulzentrum Musterstadt. Besonders viel Spaß macht mir der berufsbezogene Unterricht im Berufsfeld Metalltechnik.
Im Fach Fertigungs- und Prüftechnik werde ich wahrscheinlich die Abschlussnote sehr gut erhalten.

Ich würde mich sehr freuen, wenn ich bei Ihnen meinen Traumberuf erlernen könnte. Schon seit meiner Kindheit bin ich nämlich Fan der Automarke, mit der Sie hauptsächlich handeln.

Gerne stehe ich Ihnen für ein Vorstellungsgespräch zur Verfügung. ⑦

Mit freundlichen Grüßen ⑧

*Klaus Gerge* ⑨

Anlagen ⑩
Lebenslauf
Lichtbild
Kopie des letzten Schulzeugnisses
Kopie einer Praktikumsbescheinigung der Firma Apel

**5** **Benennen Sie die nachstehend umschriebenen „Formteile" ① bis ⑩ eines Bewerbungsschreibens. (Siehe Muster oben.) Lösen Sie dazu das Rätsel auf Seite 65.**

① Muss aktuell sein. Zeigt, wie schnell jemand auf eine Stellenanzeige reagiert hat. ② Braucht der/die Empfänger/in der Bewerbung, um schriftlich oder telefonisch antworten zu können. ③ Braucht der Briefträger. ④ Kurze und genaue Angabe dessen, worum es geht. ⑤ Unverzichtbarer Ausdruck der Höflichkeit. Wenn Name bekannt ist: Sehr geehrte Frau .../Sehr geehrter Herr ... – sonst: Sehr geehrte Damen und Herren, ... ⑥ Angabe, worauf sich die Bewerbung bezieht (z.B. Stellenangebot in einer Zeitungsanzeige). ⑦ Ort, um für sich zu werben, z.B. durch eine persönliche Note, indem man Eigenschaften und Fähigkeiten nennt, durch die man sich von Mitbewerbern unterscheidet. ⑧ Üblich: Mit freundlichen Grüßen (ohne abschließendes Satzzeichen) ⑨ Vor- und Zuname (leserlich). ⑩ Überschrift für die genaue Auflistung dessen, was beigefügt ist (z. B. Lebenslauf, Lichtbild, Kopie des letzten Schulzeugnisses, Kopien von Praktikumsbescheinigungen usw.)

AB – AN – AN – AN – BE – BE – BE – BUNGS – DA – DE – DER – DES – EMP – FAEN – FOR – GEN – GERS – GRUSS – LA – MEL – RE – SCHRIFT – SCHRIFT – SEN – TER – TEXT – TREFF – TUM – UN – WER – ZUG

Formteile:

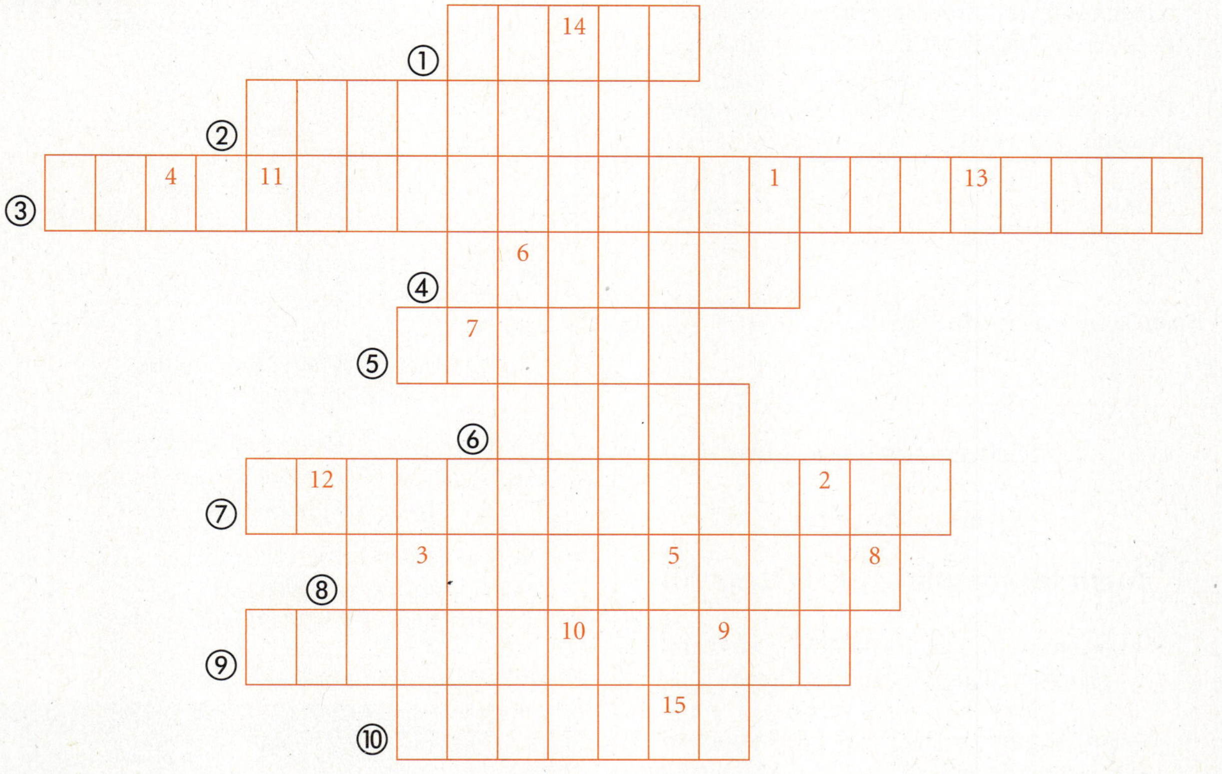


Lösungswort:

| | | | | | | | | | | | | | | | |
|---|---|---|---|---|---|---|---|---|---|---|---|---|---|---|---|
| | | | | | | | | | | | | | O | | |
| 1 | 2 | 3 | 4 | 5 | 6 | 7 | 8 | 9 | 10 | 11 | 12 | 13 | | 14 | 15 |

## 6 Fügen Sie die Konjunktionen (Bindewörter) in den Text ein.

da damit damit damit dass denn deshalb weil Wenn wenn

Man sollte weißes Papier benutzen, ________ Texte darauf besser zu lesen sind als auf farbigem Papier. Links und rechts auf dem DIN-A4-Bogen lässt man etwa drei Zentimeter Rand, ________ die Bewerbungsunterlagen von der Empfängerin/dem Empfänger gelocht werden können und ________ sie/er Platz für Notizen hat. ________ das Papier nur auf einer Seite beschrieben ist, braucht die Empfängerin/der Empfänger die Seiten nicht zu wenden und kann sich schneller zurechtfinden. Handschriften sind oft schwer zu lesen, ____________ sollte mit Maschine oder Computer geschrieben werden. Texte mit dem Computer zu schreiben hat den Vorteil, ________ Fehler schnell verbessert werden können. Flecke, Knicke und Tipp-Ex-Korrekturen sind zu vermeiden, ________ unsauber wirkende Bewerbungen meistens gar nicht erst gelesen werden. Namen und Adressen müssen richtig angegeben werden, ________ die Unterlagen ohne Verzögerung in die richtigen Hände gelangen. Der DIN-A4-Umschlag für die Unterlagen ist ausreichend zu frankieren, ________ es ist ärgerlich für die Empfängerin/den Empfänger, ________ sie/er Nachporto zahlen muss.

① **Wir suchen gelernte Schlosser**

Die Bewerber/innen sollen über eine abgeschlossene Berufsausbildung im Metallhandwerk und über gute Schweißkenntnisse verfügen. Die Bereitschaft, häufig den Arbeitsort zu wechseln (bundesweite Montageeinsätze), setzen wir voraus.

Führerscheine der Klassen B und C1 und eigener Pkw sind Bedingung.

Bitte senden Sie Ihre Bewerbungsunterlagen an WDW GmbH, Titanstraße 305 in 12345 Musterstadt.

*Stadtanzeiger vom 26.09.2006*

② **D&W-Komplett**

ist stolz auf seine über 15-jährige Hausbautradition in Fertigbauweise. Die enge und reibungslose Zusammenarbeit zwischen Handwerkern verschiedener Berufe ist unser Erfolgsrezept.

Wir brauchen dringend Verstärkung!
Deshalb suchen wir männliche oder weibliche

**Zimmerer • Dachdecker • Klempner**

**Wir**
- bieten Ihnen einen krisensicheren Arbeitsplatz
- zahlen tariflichen Grundlohn plus Akkordzuschläge und Erfolgsprämien.

**Sie**
- sind körperlich belastbar
- haben Erfahrung mit der Arbeit im Team
- leisten auch unter Termindruck einwandfreie Arbeit.

Wenn Sie sehr viel leisten und verdienen wollen, übersenden Sie bitte unserem Herrn Fertigmann Ihre Bewerbungsunterlagen.

**D&W-Komplett** Fertigbau GmbH,
23456 Musterort, Schnellweg 25
FritzFertigmann@KomplettFertigbau.de

*Stadtkurier vom 16.10.2006*

③ **Schule aus – und nun?**

Ich biete Ihnen einen

**Ausbildungsplatz als Friseur/in**

in einem fröhlichen hochmotivierten Team junger Kolleginnen und Kollegen.

Gehen Sie gerne mit Formen und Farben um? Sind Sie handwerklich geschickt? Können Sie freundlich auf fremde Menschen zugehen?

Dann freue ich mich auf Ihre schriftliche Bewerbung! (Bitte nicht als E-Mail!)

Chez Marguerite
Daniela Löckle, Augustengasse 39,
34567 Musterdorf

*City-Kurier vom 30.03.2006*

**7** **Notieren Sie jeweils die Anschrift der Empfängerin/des Empfängers für Bewerbungsschreiben auf die Anzeigen 1 und 2. (Vgl. Form der Anschrift im Musterbrief auf Seite 64.)**

**8** **Kreisen Sie den Betreff ein, der zu der Anzeige 3 (siehe Seite 66) passt, wenn sich ein Mann bewirbt.**

- Bewerbung bei Chez Marguerite
- Ihre Stellenanzeige
- Meine Bewerbung bei Ihnen
- Ich bewerbe mich bei Ihnen um die Stelle als Friseur.
- Bewerbung Nummer 43 (Friseur)
- Anzeige in der Zeitung
- Bewerbung
- Bewerbung um die Ausbildungsstelle als Friseur

**9** **Formulieren Sie jeweils die Anrede für Bewerbungsschreiben auf die Anzeigen 1, 2 und 3. (Siehe Seite 66.)**

① ……………………………………………………

② ……………………………………………………

③ ……………………………………………………

**10** **Listen Sie die Anforderungen und Bedingungen auf, die in der Anzeige 1 (siehe Seite 66) genannt werden.**

**Beispiel:**

*– abgeschlossene Berufsausbildung im Metallhandwerk*

– ……………………………………………………

– ……………………………………………………

– ……………………………………………………

– ……………………………………………………

**11** **Schreiben Sie in der Anzeige 2 (siehe Seite 66) genannte Anforderungen jeweils neben den dazu passenden Ausschnitt.**

| Ausschnitte aus Bewerbungsschreiben auf die Anzeige 2: | Anforderungen |
|---|---|
| **A)** … Mein Ausbildungsbetrieb ist darauf spezialisiert, Dächer von bewohnten Häusern zu erneuern. Deshalb muss ich oft auch bei schlechtem Wetter hart und unter Zeitdruck arbeiten … | |
| **B)** … In der Berufsschule arbeiten wir viel in Gruppen und helfen uns gegenseitig. Dabei habe ich gelernt, wie man Arbeiten gemeinsam plant und gleichmäßig verteilt … | |
| **C)** … Als Auszubildender darf ich noch nicht im Akkord arbeiten. Ich bin aber sicher, dass ich körperlich mithalten könnte. Ich möchte endlich zeigen, was ich kann … | |
| **D)** … Wenn wir in der Schule an Projekten arbeiten, müssen wir zu einem vereinbarten Termin fertig sein. Dennoch achten wir darauf, dass sorgfältig gearbeitet wird. Jeder in der Gruppe bekommt schließlich für die Arbeit dieselbe Note … | |

**12** **Tragen Sie die Wörter in die Lücken der Bewerbungsschreiben-Ausschnitte ein. (Vgl. Anzeige 3 auf Seite 66.)**

Fingerfertigkeit flotter freundlich Haarfarbe moderner Fantasie

① … Ich habe bei der Agentur für Arbeit einen Eignungstest gemacht. Besonders leicht sind mir die Aufgaben gefallen, bei denen es um ______________________ und ______________ ging …

② … Ein Bekannter von mir ist auch Friseur. Er ist immer ganz stolz, wenn er Leute überzeugen konnte, mal einen neuen Schnitt oder eine andere ______________ auszuprobieren. Das würde mir auch Spaß machen …

③ … Oft helfe ich meinem Vater in seinem kleinen Herrensalon. Ich wasche den Kunden zum Beispiel die Haare und plaudere ______________ mit ihnen, damit sie beim Warten nicht ungeduldig werden. Meine Ausbildung möchte ich aber lieber in einem Salon machen, in dem es ____________ und ______________ zugeht als bei meinem Vater …

**13** **Finden Sie weitere Formulierungen, mit denen man ausdrücken kann, dass man Fähigkeiten hat, die in Stellenanzeigen häufig gefordert werden.**

**Teamfähigkeit**

*Ich trainiere eine Volleyballmannschaft.* ……………

*Seit zwei Jahren spiele ich in einer Musikgruppe.* ……………

*In der Schule arbeiten wir viel in Gruppen.* ……………

……………………………………………………………

……………………………………………………………

**körperliche/ gesundheitliche Belastbarkeit**

……………………………………………………………

……………………………………………………………

*In den Ferien arbeite ich häufig auf einem Bauernhof. Dort muss ich kräftig zupacken und oft schwer heben.* ……………

……………………………………………………………

……………………………………………………………

……………………………………………………………

……………………………………………………………

*Es macht mir Spaß, mit fremden Leuten zu plaudern.*

**Kontaktfreudigkeit**

**handwerkliches Geschick**

*In meiner Freizeit bestücke ich gerne Computerplatinen.*

**14** **Fertigen Sie ein vollständiges Bewerbungsschreiben auf eine Anzeige Ihrer Wahl an.**

**15** **Finden Sie Stellenanzeigen, in denen eine E-Mail-Adresse mit Ansprechpartner/in genannt ist oder in denen ausdrücklich um eine E-Mail-Bewerbung gebeten wird. Verfassen Sie ein Online-Bewerbungsschreiben auf die Anzeige Ihrer Wahl. Beachten Sie folgende Hinweise:**

Hinweise für Online-Bewerbungen

- Beschränken Sie sich darauf, ein Bewerbungsschreiben und Ihren Lebenslauf mit Lichtbild zu versenden, wenn nichts anderes verlangt ist.
- Wenden Sie bei Online-Bewerbungen die gleiche Sorgfalt bezüglich Inhalt und Form an wie bei den übrigen Bewerbungen.
- Verwenden Sie ein werbefreies E-Mail-Programm und eine seriöse E-Mail-Adresse (z.B. mit Ihrem Vor- und Zunamen als Bestandteil).
- Geben Sie den Betreff in die dafür vorgesehene Eingabezeile Ihres E-Mail-Programms ein.
- Den Text Ihrer Bewerbung sollten Sie – ohne Worttrennungen – direkt in das Textfenster des E-Mail-Programmes eintippen. Ein in das E-Mail-Programm kopiertes Textdokument verliert nämlich fast immer seine Form, wenn es beim Empfänger ankommt.
- Vergessen Sie die namentliche Anrede Ihrer Ansprechpartnerin/Ihres Ansprechpartners nicht.
- Schließen Sie Ihre Online-Bewerbung immer mit einem Gruß.
- Zwei Zeilen nach dem Gruß geben Sie Ihren Vor- und Nachnamen sowie erneut zwei Zeilen weiter Ihre E-Mail-Adresse an.
- Speichern Sie angehängte Dateien (z.B. den Lebenslauf) so ab, dass sie vom Empfänger ohne technische Probleme mit wenig Zeitaufwand heruntergeladen werden können. Ein Megabyte sollten Sie niemals überschreiten. Optimal ist das PDF-Speicherformat.

**16** **Schreiben Sie je zwei Vorteile auf, die eine Online-Bewerbung für Sie und den Empfänger hat.**

# Den Lebenslauf schreiben

*Lebenslauf*

| | | |
|---|---|---|
| ........................................ | Fred Mulder | |
| ........................................ | 7. April 1989 | |
| ........................................ | Oberdorf | |
| ........................................ | ledig | |
| ........................................ | 1995 – 1999 | Grundschule Oberdorf |
| | 1999 – 2004 | Hauptschule Unterstadt |
| | Abschluss: | Hauptschulabschluss nach Klasse 9 |
| ........................................ | seit 1. August 2004 Maurer bei der Firma Eylers Hochbau, Gerade Straße 33 in Steinhausen<br>Besuch der Gewerblichen Berufsschule in Unterstadt<br>Abschluss: voraussichtlich am 30. Juli 2007 mit Berufsschulabschluss und Gesellenprüfung | |
| ........................................ | einwöchiger Weiterbildungslehrgang zum Thema „Massenberechnungen nach VOB“ im September 2005 | |

Oberdorf, 15. Februar 2007

*Fred Mulder*

**17** **Tragen Sie die Bezeichnungen an den richtigen Stellen in das oben abgebildete Muster eines tabellarischen Lebenslaufes ein.**

Bezeichnungen für die Teile eines Lebenslaufes:

Besondere Kenntnisse — Berufsausbildung — Familienstand — Geburtsdatum

Geburtsort — ~~Lebenslauf~~ — Name — Schulbildung

**18** Notieren Sie den Vorteil, den die Tabellenform des abgebildeten Lebenslaufes (siehe Seite 70) für die Empfängerin/den Empfänger der Bewerbung hat.

..........................................................................................

..........................................................................................

..........................................................................................

..........................................................................................

..........................................................................................

..........................................................................................

..........................................................................................

**19** Wandeln Sie den tabellarischen Lebenslauf (siehe Seite 70) in einen ausführlichen Lebenslauf um. Schreiben Sie ihn als fortlaufenden Text in ganzen Sätzen.

Lebenslauf

Mein Name ist ____________. Geborен wurde ______________________________

__________________________________________________.

Meine Eltern ______________________ erfinden! ______________________

__________________________________________________.

Von 1995 bis 1999 besuchte ______________ und von 1999 bis 2004 die ____________

in ______________. Meinen Hauptschulabschluss habe ich nach der Klasse ____________. Seit

dem 1. August 2004 ____________________________________________

______________________________________. Ich besuche die Gewerbliche

______________________. Ende Juli 2007 werde ich voraussichtlich ______________

__________________________________________.

Während eines einwöchigen Weiterbildungslehrgangs im September 2005 habe ich meine ____________

______________________________________ vertieft.

Meine Lieblingsfächer __________________________________________.

Meine Hobbys sind ______________________________________________

__________________________________________________

__________________________________________________

__________________________________________________

______________________ erfinden! ______________________

__________________________________________________

__________________________________________________

**20** Schreiben Sie Ihren tabellarischen Lebenslauf, datieren und unterschreiben Sie ihn. (Siehe Muster auf Seite 70.)

# Sich auf ein Vorstellungsgespräch vorbereiten

„Au weia, ich bin heute fürchterlich auf die Nase gefallen. Für das Vorstellungsgespräch bei der Firma Kelbke-Metall hatte ich mir extra von Kerstin die grellsten Klamotten geliehen, die ihr euch vorstellen könnt. Ultrakurzer Rock, Netzstrümpfe, knallenger Rippenpulli und die hochhackigsten Schuhe, die ich je gesehen habe. Ich wollte richtig Eindruck schinden. Auch beim Schminken hatte ich mir extreme Mühe gegeben. Das Dumme war nur, dass ich darin nicht so geübt bin, weil ich Schminken hasse. Deshalb habe ich prompt den Bus verpasst und kam total abgehetzt zehn Minuten zu spät. Die Herren, bei denen ich mich vorstellen sollte, wollten gerade wieder gehen. Als sie mich dann sahen, kriegten die zunächst den Mund nicht mehr zu. Inzwischen weiß ich, wieso.
Im Gespräch merkte ich, dass ich mich gar nicht informiert hatte, was die Firma eigentlich herstellt. Die Frage, was in meinem Traumberuf während der Ausbildung von mir verlangt wird, konnte ich nur mit einem Achselzucken beantworten. Es war gnadenlos. Ich wusste auf keine Frage eine vernünftige Antwort. Als ich dann selber Fragen zur Firma und zu meiner Ausbildung stellen sollte, konnte ich nur noch verlegen in die Ecke starren. Ich war unheimlich froh, als das vorbei war. Hätten die Herren lauthals gelacht, als ich beim Rausgehen mit meinen Schuhen umgeknickt bin, wäre ich wahrscheinlich schon dort in Tränen ausgebrochen. Ich will nicht mehr Anja heißen, wenn ich jemals wieder so schlecht vorbereitet in ein Vorstellungsgespräch gehe!“

**21** **Notieren Sie, welche Fehler Anja gemacht hat. Reden Sie über Ihre Ergebnisse.**

Anjas Fehler

..........

..........

..........

..........

..........

..........

..........

..........

..........

**22** **Leiten Sie aus Anjas Fehlern (vgl. Aufgabe 21) Tipps für die Vorbereitung auf ein Vorstellungsgespräch ab.**

Tipps für ein Vorstellungsgespräch

..........

..........

..........

..........

..........

..........

..........

..........

..........

..........

## 23 Verbinden Sie jeweils eine ?-Frage mit der dazu passenden ¿-Frage durch eine Linie. Was könnte hinter den ?-Fragen „stecken"?

?Warum sind Sie gut in …, haben jedoch eine Fünf in …?

?Sie haben … als Hobby genannt. Sind Sie in einem Verein?

?Wie lange betreiben Sie das Hobby schon? Sind Sie dabei irgendwelchen Belastungen ausgesetzt?

?Was tun Sie, wenn Sie zu Hause Müll wegwerfen wollen und feststellen, dass der Mülleimer voll ist?

?Welchen Grund nennen Sie, wenn Sie verschlafen haben und deshalb zu spät in die Schule oder zur Arbeit kommen?

¿Erledigt sie/er dringende Arbeiten sofort oder wartet sie/er, bis jemand anderes sich darum kümmert?

¿Hat sie/er Durchhaltevermögen? Wie belastbar ist sie/er?

¿Ist sie/er Teamarbeit gewohnt? Passt sie/er in unser Team?

¿Ist sie/er offen und ehrlich? Übernimmt sie/er persönliche Verantwortung für ihr/sein Handeln?

¿Kann sie/er eigene Stärken und Schwächen einschätzen und begründen?

## 24 Kreuzen Sie in dem folgenden Bewerbungsgespräch jeweils die Ihrer Meinung nach beste Antwort an. Begründen Sie Ihre Entscheidungen.

**Erste Frage: Warum möchten Sie ausgerechnet bei uns arbeiten?**

A ❑ Ich habe schon 30 Bewerbungen geschrieben. Ihre Firma ist die erste, die mich eingeladen hat. Man darf in der heutigen Zeit nicht wählerisch sein.

B ❑ Unser Lehrer kennt hier in der Gegend fast alle Betriebe, die Maler und Lackierer ausbilden. Er hat mir erzählt, dass man bei Ihnen so ziemlich alles lernen kann, was zu dem Beruf gehört. Das ist leider nicht überall so.

C ❑ Meine Schwester arbeitet auch bei Ihnen. Wir könnten gemeinsam fahren. Außerdem zahlen Sie ganz gut, sagt meine Schwester.

**Zweite Frage: Was wissen Sie schon über diesen Beruf?**

A ❑ Sie können Fragen stellen! Ich habe meine Ausbildung doch noch gar nicht begonnen. Wenn es bei Ihnen nicht klappt, dann habe ich mir umsonst den Kopf zerbrochen, was wohl auf mich zukommt.

B ❑ Ich lerne schnell. Es wird nicht lange dauern, dann können Sie mich zu dem Beruf fragen, was Sie wollen. Jetzt bin ich noch total überfragt.

C ❑ Ich habe mit Freunden gesprochen, die schon in dem Beruf arbeiten. Die haben mir erzählt, dass man auch viel Chemie und Physik lernen muss, weil Maler mit verschiedensten Materialien und Stoffen arbeiten. Maler müssen jedenfalls sehr viel mehr können als nur tapezieren und anstreichen.

**Dritte Frage: Gibt es etwas, was Ihnen an Ihrer künftigen Arbeit weniger gefällt?**

A ❑ Da machen Sie sich nur keine Sorgen. Ich bin in jeder Beziehung flexibel und äußerst belastbar. Ich bin vom Eishockey-Spielen einiges gewohnt.

B ❑ Nun ja, ich habe Freunde, die als Maler arbeiten. Die klagen manchmal über Rückenschmerzen, wenn sie längere Zeit über Kopf gearbeitet haben. Deshalb will ich in meiner Freizeit unbedingt weiterhin Sport machen, um einen körperlichen Ausgleich zu haben.

C ❑ Klar, die Arbeit mit Lacken und Farben ist nicht ungefährlich. Aber mein Vater sagt immer: Was dich nicht umbringt, härtet ab. Alles im grünen Bereich.

**25** **Notieren Sie den im Text verborgenen Hinweis. Schreiben Sie Satzanfänge (nach einem Punkt), Substantive (Hauptwörter) und Anredepronomen (Anredefürwörter: Sie, Ihre usw.) groß.**

.nethcöm netrowtna thcin negarf ehclos fua ies ssad, hcilföh eis negas .ubat dnis gnulletsnie nehcsitilop dnu nesöigiler rerhi uz eiwos nebelmitni merhi uz negarF ←

.................................................................................................

.................................................................................................

.................................................................................................

**26** **Fügen Sie die Wörter in den Lückentext ein.**

aufrecht • Augen • beruhigt • früh • klaren • Lächeln • Praktische • spät • verschränken

________________ Tipps für das Vorstellungsgespräch

Kommen Sie lieber fünf Minuten zu ________ als eine Minute zu ________. Atmen Sie vor dem Eintreten in das Besprechungszimmer tief durch – das ________. ________ Sie, bevor Sie die Tür öffnen. Achten Sie auf Ihre Haltung und „Körpersprache". Sitzen Sie ________. Wenn Sie die Arme vor sich ________, wirkt das abweisend. Schauen Sie Ihren Gesprächspartnern in die ________, aber starren Sie sie nicht an. Reden Sie höflich, sachlich und in ________ Worten.

**27** **Formulieren Sie Fragen, die Sie als Bewerber/in in einem Vorstellungsgespräch stellen könnten. Nutzen Sie auch die Stichworte unten.**

**Beispiel:**

*Könnte ich während meiner Arbeitszeit auch betriebliche oder außerbetriebliche Weiterbildungsmöglichkeiten nutzen?*

- Anzahl der Auszubildenden im Betrieb
- Probezeit
- Verkürzung der Ausbildungszeit
- Weiterbildungsmöglichkeiten
- Höhe der Ausbildungsvergütung
- Übernahme nach der Ausbildung

**28** **Stellen Sie Fragen für ein Vorstellungsgespräch zusammen, die eine Personalchefin/ein Personalchef stellen könnte.**
**Sie können dazu die Fragen aus Aufgabe 23 und Aufgabe 24 (siehe Seite 73) und Fragen, die Ihnen bereits in Vorstellungsgesprächen gestellt worden sind, verwenden.**

**29** **Tauschen Sie Ihre Fragen von Aufgabe 28 gegen die Fragen einer Mitschülerin/eines Mitschülers. Bereiten Sie aus der Sicht der Bewerberin/des Bewerbers Stichworte für Antworten auf die Fragen vor.**

**30** **Spiel:** **Führen Sie anhand der vorbereiteten Fragen und Antworten (vgl. Aufgabe 28 und Aufgabe 29) ein Vorstellungsgespräch als Spiel durch. Verteilen Sie vorher die Rollen: Wer spielt Personalchef/in – wer spielt Bewerber/in? Wählen Sie Beobachter/innen, die das Gespräch anschließend mit den Spieler/innen besprechen.**

## Tipps für die Beobachter/innen

- Einigen Sie sich vor dem Spiel, wer die Fragen, wer die Antworten und wer die Körperhaltung sowie Körpersprache der Spieler/innen beurteilt.
- Machen Sie sich Notizen während des Spiels.
- Nennen Sie in dem Gespräch nach dem Spiel immer zuerst das, was Ihnen gefallen hat.
- Äußern Sie danach, was Ihnen nicht so gut gefallen hat. Bleiben Sie immer sachlich.

**31** **Tauschen Sie nach dem Gespräch mit den Beobachterinnen und Beobachtern (vgl. Aufgabe 30) die Rollen.**

## Wichtiges in Kürze: Bewerben

| | |
|---|---|
| **Bewerbungsunterlagen** | • Bewerbungsschreiben, Lebenslauf mit Lichtbild<br>• Kopien von Zeugnissen, Praktikumsbescheinigungen usw. |
| **Bewerbungsschreiben** | • Für jede Bewerbung neu anfertigen (siehe Muster Seite 64)<br>• Dem Schreiben eine „persönliche Note" geben (z.B. eigene Fähigkeiten und Interessen nennen, die zu den Anforderungen passen)<br>• Informationen aus dem Lebenslauf nicht unnötig wiederholen<br>• Texte sinnvoll gliedern (Leerzeilen)<br>• Gruß und Unterschrift nicht vergessen |
| **Lebenslauf** | • In der Regel in Tabellenform (siehe Muster Seite 70)<br>• Ausführlich oder handgeschrieben nur, wenn verlangt (siehe Muster Seite 71)<br>• Lückenlose Angaben machen (Arbeitslosigkeit z.B. nicht verschweigen)<br>• Immer aktuell datieren und unterschreiben<br>• Neueres Lichtbild verwenden |
| **Sprache** | • Kurz, genau, höflich, sachlich, selbstbewusst<br>• Rechtschreibung und Zeichensetzung beachten |
| **Äußere Form** | • Weißes DIN-A4-Papier benutzen (links und rechts etwa 3 cm Rand)<br>• Papier nur auf einer Seite mit Maschine oder Computer beschreiben<br>• Keine Flecke, Knicke, Tipp-Ex-Korrekturen machen<br>• Datum, Namen und Adressen richtig angeben |
| **Online-Bewerbungen** | • Beachten Sie die Hinweise auf Seite 69.<br>• Setzen Sie sich auf keinen Fall über Hinweise in Stellenanzeigen wie „Bitte keine Bewerbung per E-Mail!" hinweg. |
| **Vorstellungsgespräch** | • Informationen über den Betrieb und die Tätigkeit besorgen<br>• Sich gepflegt kleiden und frisieren (nicht „verkleiden")<br>• Pünktlich erscheinen<br>• Höflich, sachlich und in klaren Sätzen antworten<br>• Vorbereitete Fragen stellen (Interesse zeigen)<br>• Bei der Verabschiedung höflich fragen, wann Sie mit einer Entscheidung der Firma rechnen können |

# Argumentieren und diskutieren

## Bedürfnisse erklären

**1** **Kreuzen Sie an, ob die Erklärungen Sie überzeugen.**

| | ja | nein |
|---|---|---|
| Das entspannt mich total. | ☐ | ☐ |
| Ich schwitze gerne. | ☐ | ☐ |
| Mir ist sonst langweilig. | ☐ | ☐ |
| Ich möchte sportlich aussehen. | ☐ | ☐ |
| Ich muss da einfach hin. | ☐ | ☐ |
| Mir tut das gut. | ☐ | ☐ |
| Ich brauche das. | ☐ | ☐ |
| Ich fühle mich zu dick. | ☐ | ☐ |
| Ich will mir morgen ein paar Klamotten kaufen. | ☐ | ☐ |
| Morgen ist doch Samstag. | ☐ | ☐ |

**2** **Schreiben Sie auf, warum manche Erklärungen aus Aufgabe 1 Sie nicht überzeugen. Reden Sie darüber.**

..............................................................

..............................................................

**3** **Entscheiden Sie, wie wichtig es ist, seine Wünsche und Bedürfnisse zu erklären.**
**Vergeben Sie jeweils eine Note (von 1 = sehr wichtig bis 6 = unwichtig).**

☐ Betrieb ☐ Partnerschaft ☐ Schule ☐ Sport ☐ Politik ☐ Medizin

**4** **Vervollständigen Sie die folgenden Sätze jeweils mit einer Erklärung (siehe Aufgabe 1).**

**Beispiel:**

Ich gehe ins Fitness-Studio, weil *mich das total entspannt.*

Ich gehe ins Fitness-Studio, denn ..............................

Ich gehe ins Fitness-Studio, um ..............................

Ich gehe ins Fitness-Studio, damit ..............................

Ich gehe ins Fitness-Studio, da ..............................

**5** Schreiben Sie auf, wie Sie Ihre Bedürfnisse anderen erklären könnten. Machen Sie deutlich, warum Sie etwas mögen oder nicht mögen.

A Ihre Freundin/Ihr Freund hat Sie angeschrien. Erklären Sie, warum Sie das nicht mögen.

B Sie wollen alleine in den Urlaub fahren. Erklären Sie dies Ihrer Freundin/Ihrem Freund.

C Ihre Chefin/Ihr Chef sagt Ihnen oft, dass Sie ungeschickt seien. Erklären Sie, warum Sie das stört.

D Ihre Eltern verstehen nicht, warum Sie Ihr Zimmer nicht aufräumen. Erklären Sie Ihr Verhalten.

**6** Setzen Sie die sachlichen Begründungen (Tatsachen und Folgen) passend ein.

Stress besser aushalten • Immunsystem gestärkt • Fett abgebaut • leistungsfähiger und belastbarer • sportlichere Figur • weniger anfällig für Krankheiten • mehr Lebensfreude • erfolgreicher • Herz- und Kreislauferkrankungen

Wenn du dich fit hältst, dann bist du auch ______________________________ . Du kannst ______________________________ . Außerdem wird dein ______________________ und du bist ______________________________. Wenn du es richtig machst, dann beugst du ______________________________ vor. Darüber hinaus wird ____________________ und dein Körper wird straffer. Du bekommst eine ____________________. Dadurch wirst du ____________________ haben und wirst auch ____________________ sein.

**7** Notieren Sie möglichst viele Antworten auf folgende Fragen:
Warum lassen sich manche piercen?
Warum sollte man ausschlafen?
Warum geht man ins Kino?
Was ist das Tolle an Partys?

# Beraten und verkaufen

**8** **Lesen Sie das folgende Gespräch.**

| | |
|---|---|
| Verkäuferin: | Kann ich Ihnen helfen? |
| Kundin: | Ja, ich suche ein Sportgerät, damit ich fit bleibe. |
| Verkäuferin: | Vielleicht ein Hantel-Set? Ich würde Ihnen das 6-Kilo-Set aus Edelstahl für 89 € empfehlen. |
| Kundin: | Oh, das ist ziemlich schwer. Ich will eigentlich nicht zum Muskelprotz werden. |
| Verkäuferin: | Na ja, bei diesem Set können Sie einzelne Gewichte bis auf 1,5 Kilo pro Hantel abschrauben. |
| Kundin: | Kann ich denn damit auch abnehmen? |
| Verkäuferin: | Das kommt auf die Übungen an. |
| Kundin: | Macht das denn auch Spaß? |
| Verkäuferin: | Also ich stemme unheimlich gern. |
| Kundin: | Ich würde aber lieber etwas im Freien machen. |
| Verkäuferin: | Dann gehen Sie doch mit den Hanteln auf den Balkon. |
| Kundin: | Wissen Sie was? … |

**9** **Notieren Sie, was die Kundin wohl nach diesem Beratungsgespräch sagt. Vergleichen Sie Ihre Ergebnisse.**

..................................................

**10** **Schreiben Sie die Bedürfnisse auf, die die Kundin (siehe Aussagen oben) andeutet.**

Beispiel:
*Sie will fit bleiben.*
..................................................
..................................................

**11** **Schreiben Sie auf, welches Sportgerät Sie der Kundin empfehlen würden. Begründen Sie Ihre Empfehlung.**

..................................................
..................................................

Kunde: „Das ist aber wahnsinnig teuer."

**Gespräch A**

Verkäufer: „Nein, das ist nicht so teuer. Jetzt übertreiben Sie."

Kunde: „Das ist aber wahnsinnig teuer."

**Gespräch B**

Verkäufer: „Ja, das ist schon in der höheren Preisklasse. Aber bedenken Sie, dass Sie dafür auch Top-Qualität bekommen."

**12** **Ordnen Sie den Verkaufsgesprächen (A und B) die passende Methode zu.**

Widerspruch-Methode: Gespräch ☐ Ja-aber-Methode: Gespräch ☐

**13** **Schreiben Sie auf, warum die Ja-aber-Methode meist erfolgreicher ist.**

..............................................................................................................................

..............................................................................................................................

**14** **Bilden Sie nach der Ja-aber-Methode Sätze zu folgenden Kundeneinwänden. Hilfen finden Sie unten.**

| | |
|---|---|
| A) Die Lieferzeit für das Sofa ist sehr lang. | |
| B) Die Uhr ist mir viel zu kompliziert. | |
| C) Die Autolackierung finde ich zu schrill. | |

Ja: sehr auffallend/Aber: man wird besser gesehen – Ja: nicht sofort lieferbar/Aber: individuelle Handarbeit und kein Massenartikel – Ja: viele Funktionen/Aber: wichtige Einstellungen sind einfach

**15** **Finden Sie positive Umschreibungen für die folgenden Wörter.**

stinken ..............................................

unverschämt ..............................................

geizig ..............................................

Pfusch ..............................................

**16** **Spiel: Führen Sie das Verkaufsgespräch (siehe Aufgabe 11) als Rollenspiel. Tauschen Sie anschließend die Rollen. Sprechen Sie danach über den Verlauf des Spiels.**

# Meinungen begründen und durch Tatsachen belegen

**17** **Kreuzen Sie an, ob Sie die Aussage für eine Tatsache oder eine Meinung halten. Vergleichen Sie Ihre Entscheidungen.**

| | Tatsache | Meinung |
|---|---|---|
| Spitzensportler verdienen zu viel. | ❑ | ❑ |
| Die Bundesligaspieler müssen hart trainieren. | ❑ | ❑ |
| Die meisten Spitzensportler sind gesundheitlich geschädigt. | ❑ | ❑ |
| Breitensport ist viel wichtiger als Spitzensport. | ❑ | ❑ |
| Selbst Sport zu treiben ist gesünder als nur zuzuschauen. | ❑ | ❑ |
| Die meisten Sportler sind sowieso gedopt. | ❑ | ❑ |
| Es macht Spaß, ins Fußballstadion zu gehen. | ❑ | ❑ |

Meinung oder Tatsache?

*A: Tatsache ist: Spitzensportler verdienen zu viel.*

*B: Das ist keine Tatsache, das ist deine Meinung.*

*A: Ne, das ist Tatsache.*

**18** **Bringen Sie die Sätze in Ordnung, indem Sie die einzelnen Wörter in die richtige Reihenfolge bringen.**

**A)** Wissenschaft Tatsachen die durch sind beweisbar.

......................................................................

**B)** Statistiken können werden durch belegt Tatsachen.

......................................................................

**C)** Meinungen persönliche sind Sichtweisen.

......................................................................

**D)** Vorurteile manchmal Meinungen sind.

......................................................................

**19** **Verbinden Sie Ihre Meinung zu den folgenden Themen wie im Beispiel mit mindestens einer Tatsache.**

Autorennen • Bungee-Jumping • Boxen • Ballett • Snowboarden • Freeclimbing • die Pille für den Mann

| Thema | Meinung | Tatsache |
|---|---|---|
| **Beispiel:** | | |
| *Autorennen* | *Ich finde Autorennen spannend.* | *Bei Autorennen gibt es oft schwierige Überholmanöver, die gefährlich werden können.* |

**20** **Ordnen Sie die Aussagen nach den passenden Oberbegriffen. Tragen Sie dazu jeweils den richtigen Buchstaben ein.**

*A* Lärmbelästigung *B* Unfallgefahr *C* Gesundheitsgefährdung

**Argumente gegen eine Bundesstraße durch ein Wohngebiet**

☐ „Unsere Kinder können nicht im Wohngebiet spielen."

[*A*] „Ich kann nachts nicht schlafen."

☐ „Die Abgase verpesten unsere Luft."

☐ „Morgens donnern schon die Lkws durch die Straßen."

☐ „Viele Leute haben Husten und Bronchitis."

☐ „Es hat schon drei Unfälle mit Kindern gegeben."

**21** **Bringen Sie die folgenden Begriffe jeweils in eine sinnvolle Reihenfolge von 1 bis 6.**

☐ oft ☐ immer [*1*] nie ☐ manchmal ☐ meistens ☐ selten

☐ wenige ☐ alle ☐ manche [*1*] keine ☐ viele ☐ die meisten

**22** **Ergänzen Sie die richtige Schlussfolgerung mit einem Begriff aus Aufgabe 21.**

Im Stadtteil Prietzel gab es in diesem Jahr 65 schwere Fälle von Bronchitis. Davon wohnen 51 an der Bundesstraße. ______________ Bronchitis-Erkrankungen im Stadtteil Prietzel sind bei Anwohnern der Bundesstraße festgestellt worden.

**23** **Erstellen Sie ein Flugblatt für eine Bürgerinitiative gegen eine Bundesstraße (siehe Aufgabe 20).**

# Entscheidungen treffen

**24** **Listen Sie mögliche Folgen auf, wenn man sich nach dem Ratschlag A oder nach dem Ratschlag B richtet.**

| A | B |
| --- | --- |
| | |
| | |
| | |
| | |

**25** **Formulieren Sie Ihren Ratschlag für C und begründen Sie ihn.**

**26** **Eine Bekannte/Ein Bekannter möchte sich piercen lassen. Schreiben Sie mögliche positive und mögliche negative Folgen auf.**

| positive Folgen | negative Folgen |
| --- | --- |
| | |
| | |
| | |

**27** **Schreiben Sie Ihren Ratschlag auf. Wägen Sie dabei beide Seiten (siehe Aufgabe 26) gegeneinander ab.**

Auf der einen Seite ______________________________, aber ______________________________. Deshalb ______________________________.

Karin Blessauer, 27 Jahre, findet in ihrem Beruf keine Arbeitsstelle. Ein Mitarbeiter der Agentur für Arbeit schlägt ihr eine 2-jährige Umschulung vor. Verdienen würde sie weniger als vorher.

**28** **Kreuzen Sie an, welche Argumente für und welche gegen die Umschulung sprechen.**

| | dafür | dagegen |
|---|---|---|
| Karin ist für eine Ausbildung zu alt. | ❑ | ❑ |
| Der neue Beruf hat bessere Zukunftsaussichten. | ❑ | ❑ |
| Das Umlernen ist lästig. | ❑ | ❑ |
| Heutzutage muss man sowieso immer dazulernen. | ❑ | ❑ |
| Karin hat zwei Jahre weniger Geld. | ❑ | ❑ |
| Nach der Umschulung ist eine Stelle auch nicht sicher. | ❑ | ❑ |
| Die Zeit der Arbeitslosigkeit wird sinnvoll genutzt. | ❑ | ❑ |
| Zwei Berufe sind besser als einer. | ❑ | ❑ |

**29** **Schreiben Sie je ein Argument aus folgenden Bereichen auf und belegen Sie dieses mit einem Beispiel.**

*Soll ich einen Computerkurs machen?*

**Beispiele:**

*Ja, dadurch habe ich mehr Chancen im Beruf.* ............ Ausbildung/Beruf

*Ich kann dann Tabellen und Texte erstellen.* ............

............ Gesundheit

............

............ Finanzen

............

............ Freundeskreis/Familie

............

**30** **Schreiben Sie möglichst viele Argumente für eine der folgenden Forderungen auf.**

Einheitskleidung für alle Schülerinnen und Schüler | Jeder muss von und zur Arbeitsstelle joggen. | Abschaffung des Fernsehens

............

............

............

............

............

# Mit Kritik richtig umgehen

A: „Das ist total falsch, du hast überhaupt nichts begriffen."

B: „Du hörst mir ja gar nicht zu."

C: „Deine Meinung ist völlig unbegründet."

**31** **Schreiben Sie auf, warum die Aussagen das weitere Gespräch erschweren.**

**32** **Formulieren Sie die Kritik so um, dass die eigenen Wünsche und Bedürfnisse deutlich werden.**

| | |
|---|---|
| Du bist zu schlampig. | **Beispiel:** *Mich macht die Unordnung nervös. Deshalb möchte ich, dass du ordentlicher bist.* |
| Du hörst mir ja gar nicht zu. | |
| Du willst immer Recht haben. | |
| Sei nicht so kleinlich. | |

**33** **Reagieren Sie auf unterschiedliche Weise auf Kritik. Tragen Sie jeweils eine passende Antwort in die Tabelle ein.**

| **A** Nachfragen, wie die Kritik zustande gekommen ist. | **B** Die Kritik teilweise annehmen. | **C** Die Kritik ganz zurückweisen, ohne den anderen vor den Kopf zu stoßen. |
|---|---|---|
| | *„Sie sind ja total blöd."* | |
| **Beispiel:** *Wieso sagen Sie das?* | **Beispiel:** *Vielleicht habe ich etwas noch nicht ganz verstanden.* | **Beispiel:** *Total blöd bin ich deshalb aber noch lange nicht.* |
| | *„Sie haben ja zwei linke Hände."* | |
| | | |
| | *„Sie sind der größte Faulenzer."* | |
| | | |

**34** **Kennzeichnen Sie in der Sprechblase B die einzelnen Teile des 3-Satzes.**

1. in Teilen Recht geben
2. im Wesentlichen widerlegen
3. schlussfolgern

A

„Ich bin gegen das Konzert, weil man bei dem Lärm nicht schlafen kann."

B

„Ja, ich verstehe, wenn Sie sagen, dass das Konzert für Sie eine Lärmbelästigung bedeutet. Allerdings ist das Konzert schon um 22:00 Uhr zu Ende, sodass die Leute mit Sicherheit nicht beim Schlafen gestört werden. Deshalb sollte man das Konzert genehmigen."

**35** **Ergänzen Sie den folgenden „3-Satz" (siehe Aufgabe 34).**

*Ich bin gegen dieses Konzert, weil da viele Leute betrunken sind.*

1. Ja, sicherlich ..............................................................................
2. Auf der anderen Seite ..............................................................................
3. Deshalb ..............................................................................

**36** **Ordnen Sie die Aussagen jeweils einem Diskussions-Trick zu.**

| | |
|---|---|
| 1 So etwas tut man nicht. Wenn das jeder machen würde. | unbewiesene Behauptung |
| 2 Eine Volksabstimmung würde dies ganz klar bestätigen. | Imponiertechnik (Man macht sich selbst wichtig.) |
| 3 Sie schaffen das nicht. Sie sind einfach zu unerfahren dazu. | Allgemeinplatz (Man verallgemeinert unsinnig.) |
| 4 Wir können leider nicht anders handeln. | Personen angreifen |
| 5 Aufgrund meiner langjährigen Erfahrung sage ich Ihnen … | Killerphrase (Man behauptet, dass es keine anderen Möglichkeiten gibt.) |

**37** **Schreiben Sie auf, wie Sie auf die Aussagen 1 bis 5 (siehe Aufgabe 36) antworten würden.**

**38** Spiel: **Führen Sie ein Streitgespräch zwischen zwei Personen als Rollenspiel. Wählen Sie typische Situationen aus Betrieb, Schule, Familie oder Freundeskreis.**

# Persönliche Signale setzen

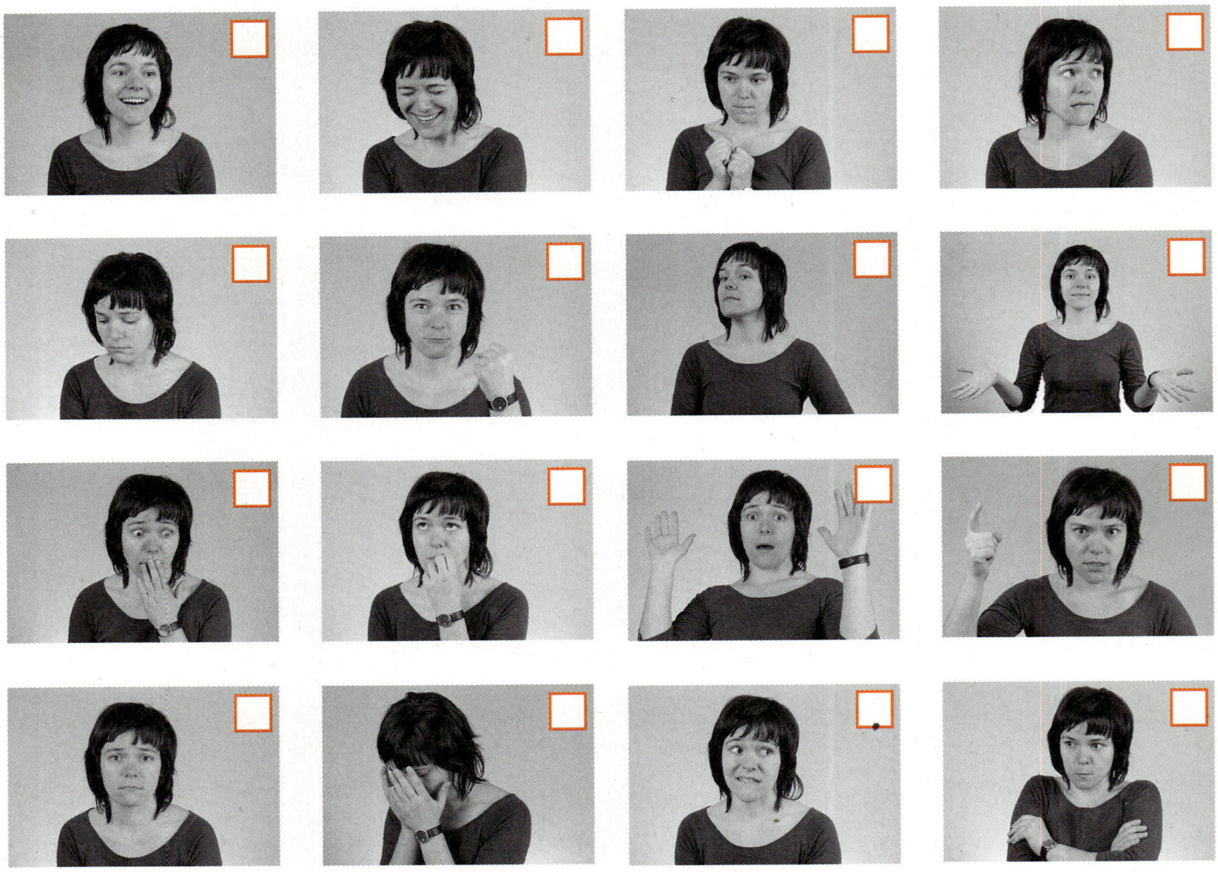

**39** Ordnen Sie jedem Bild einen Begriff zu. Tragen Sie den dazu passenden Anfangsbuchstaben in das Kästchen ein.

**F**reude, **T**rauer, **Ü**berheblichkeit, **U**nsicherheit, **D**rohung, **A**ngst, **O**ffenheit, **V**erklemmtheit

**40** Reden Sie darüber, welche Körperhaltung und welche Mimik und Gestik (→ Gesichtsausdruck und Bewegungen der Hände und Arme) Sie im Gespräch mit Ihrer Chefin/Ihrem Chef oder mit einer Kundin/einem Kunden einnehmen. Stellen Sie dies pantomimisch dar.

**41** Spiel: Nehmen Sie im pantomimischen Spiel die typische Körperhaltung dieser Personen ein: Soldat/in, Pfarrer/in, Rock-Star, Lehrer/in, Auszubildende und Ausbilder, der typische Mann, die typische Frau.

**42** Schreiben Sie wie im Beispiel auf, welche zusätzlichen Aussagen in den folgenden Sätzen enthalten sein können.

| *„Hier ist es aber heiß."* | | |
|---|---|---|
| *Was macht es mir aus?* | *Was denke ich von dir?* | *Was sollst du tun?* |
| Beispiel:<br>*Ich finde es unangenehm, ich schwitze ja schon.* | Beispiel:<br>*Du musst ziemlich verfroren sein, wenn es dir nicht auch zu heiß ist.* | Beispiel:<br>*Mach doch das Fenster auf.* |

| „Ich habe den ganzen Tag bei dir angerufen." | | |
|---|---|---|
| Was macht es mir aus? | Was denke ich von dir? | Was sollst du tun? |
| ……………… | ……………… | ……………… |
| **„Das ist ja immer noch nicht erledigt."** | | |
| Was macht es mir aus? | Was denke ich von dir? | Was sollst du tun? |
| ……………… | ……………… | ……………… |

**43** **Formulieren Sie in kurze, positive Merksätze um. Tragen Sie diese in den Merkkasten unten ein.**

## Tipps zum erfolglosen Argumentieren und Diskutieren

Sie sollten am besten Ihre Wünsche und Bedürfnisse für sich behalten. Tatsachen und Folgen brauchen Sie nicht als Begründungen heranzuziehen. Die Bedürfnisse der anderen können Sie getrost übergehen. Sie überzeugen am besten mit der Nein-überhaupt-nicht-Methode. Zwischen Meinungen und Tatsachen brauchen Sie auch nicht zu unterscheiden. Schließlich zählt ja nur Ihre Meinung, die alle anderen anzunehmen haben. Auch müssen Sie Argumente nicht gegeneinander abwägen, um zu Entscheidungen zu kommen. Kritik an Ihrer Person ist nur lästig, andere sollten Sie dagegen mit Ihrer Kritik richtig fertig machen. Kompromisse und Zugeständnisse sind nur ein Zeichen von Schwäche. Zeigen Sie auch mit Körperhaltung und mit Mimik und Gestik, dass alle anderen Ihnen unterlegen sind. Und bedenken Sie: Jeder Satz hat nur eine einzige Aussage.

### **Wichtiges in Kürze:** Argumentieren und diskutieren

1. ……………………………………………
2. ……………………………………………
3. ……………………………………………
4. ……………………………………………
5. ……………………………………………
6. ……………………………………………
7. ……………………………………………
8. ……………………………………………
9. ……………………………………………
10. ……………………………………………
11. ……………………………………………

# Stellung nehmen

## Mit Stellungnahmen beraten und sich darstellen

**1** **Lesen Sie die unterschiedlichen Reaktionen auf Christians Frage: „Wie gefällt dir meine neue Frisur?"**

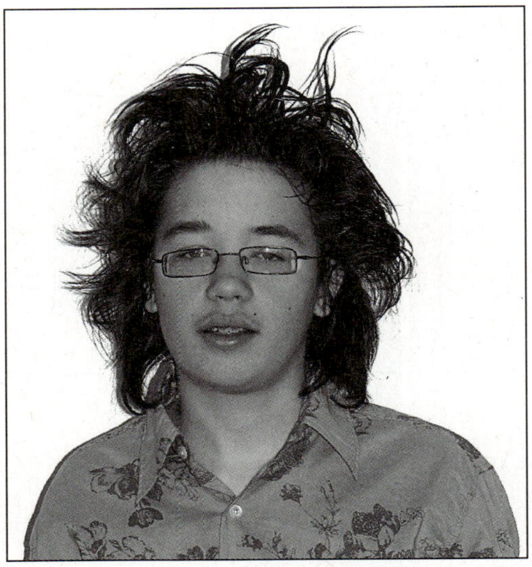

**Reaktionen:**

A Find ich nicht gut. Ist das Rasta?
B Wie siehst du denn aus?
C Die gefällt mir nicht. Deine Haare stehen so zu Berge, als ob du einen Stromschlag erlitten hättest.
D Du musst selbst wissen, was dir gefällt.
E Ich weiß auch nicht. Mir gefallen viele Frisuren.
F Gut, der Toni hat ja auch eine ähnliche Frisur.

**2** **Beurteilen Sie die obigen Antworten, indem Sie „ja" oder „nein" in die einzelnen Felder der Tabelle eintragen.**

| | Es wird deutlich, ob die Frisur den befragten Personen gefällt oder nicht. | Es wird eine Begründung abgegeben. |
|---|---|---|
| A | ........................................ | ........................................ |
| B | ........................................ | ........................................ |
| C | ........................................ | ........................................ |
| D | ........................................ | ........................................ |
| E | ........................................ | ........................................ |
| F | ........................................ | ........................................ |

**3** **Vervollständigen Sie die Sätze mit den Aussagen in der rechten Spalte. Beachten Sie dabei die Stellung des Verbs.**

| | |
|---|---|
| *Ich finde die Frisur gut, weil* ........................................<br>........................................ | *Sie ist ausgefallen.* |
| *Mir gefällt die Frisur, da* ........................................<br>........................................ | *Sie wirkt progressiv.* |
| *Mir gefällt die Frisur nicht, denn* ........................................<br>........................................ | *Sie sieht zu künstlich aus.* |

Isabell:
„Du hast doch „Sakrileg“ gelesen. Ist das denn gut? Kannst du mir das empfehlen?“

Hendrik:
„Ich fand das Buch insgesamt gut, auch wenn der Schluss etwas enttäuscht. Es ist ein spannender Krimi mit interessanten Theorien. So wird zum Beispiel behauptet, dass Jesus verheiratet war und Kinder hatte. Insgesamt kann ich dir das Buch empfehlen.“

**4** **Tragen Sie in die folgende Tabelle die passenden Textteile der Antwort Hendriks ein.**

**Aufbau einer einfachen Stellungnahme:**

Eigener Standpunkt: ..............................

Argument: ..............................

Beispiel: ..............................

..............................

Schlussfolgerung: ..............................

**5** **Ihr Freund/Ihre Freundin überlegt sich, ein Tattoo machen zu lassen, und Sie werden um Rat gefragt. Nehmen Sie dazu Stellung.**

Eigener Standpunkt: ..............................

Argument: ..............................

Beispiel: ..............................

Schlussfolgerung: ..............................

**6** **Beurteilen Sie die Wirkung der folgenden Äußerungen und kreuzen Sie an:**

| | | dümmlich | einseitig | tolerant | vorschnell |
|---|---|---|---|---|---|
| A | *Ich höre nur Volksmusik.* | | | | |
| B | *Volksmusik ist mein Leben.* | | | | |
| C | *Volksmusik ist Schwachsinn.* | | | | |
| D | *Volksmusik kann entspannen.* | | | | |

**7** Nehmen Sie schriftlich Stellung, so dass Sie nicht unvorteilhaft (einseitig, verbohrt) erscheinen. Benutzen Sie dazu das vorgegebene Schema und bearbeiten Sie eines der Themen:

| Beispiel: Gefällt dir Volksmusik? | **Schema einer erweiterten Stellungnahme:** | Themen: Gefallen dir Action-Filme/Liebesfilme? |
|---|---|---|
| *Ich höre gerne Volksmusik,* | **Eigener Standpunkt** | ........ |
| *denn dabei kann ich richtig entspannen und vergesse alle Probleme.* | **Argument** | ........ |
| *Wenn es mir schlecht geht, dann höre ich das XY-Lied an, und ich fühle mich gleich ein bisschen besser.* | **Beispiel** | ........ |
| *Ich höre aber nicht nur Volksmusik.* | **Einschränkung** | ........ |
| *Aber zum Tanzen finde ich Rockmusik viel besser.* | **Erweiterung/Alternative** | ........ |

**8** In einem Vorstellungsgespräch werden Sie nach Ihrer Meinung zu Computerspielen befragt. Sie sollen zeigen, dass Sie in der Lage sind, das Problem von mehreren Seiten aus zu betrachten und fähig sind, eine Schlussfolgerung aus Ihrer Betrachtung zu ziehen.

a) Streichen Sie die Felder durch, die Ihrer Meinung nach nicht in die Stellungnahme gehören.
b) Füllen Sie die übrigen Felder aus.

| | | |
|---|---|---|
| A | Benennung der Fragestellung | ........ |
| B | Eigener Standpunkt | ........ |
| C | Herstellerfirmen von Computerspielen | ........ |
| D | Arten von Computerspielen | ........ |
| E | Bekannte Computerspiele | ........ |
| F | Argumente für Computerspiele (mit Beispielen) | ........ |

| | | |
|---|---|---|
| G | Argumente für Spielen überhaupt | |
| H | Argumente für das Fernsehen | |
| I | Argumente gegen Computerspiele (mit Beispielen) | |
| J | Argumente gegen Handys | |
| K | Folgerung oder Forderung | |
| L | Preisentwicklung der Computerspiele | |
| M | Die zukünftigen Computerspiele | |
| N | Anforderungen an die Grafikkarten | |

## **Wichtiges in Kürze:** Stellung nehmen

**Eine Stellungnahme muss bestimmte Merkmale aufweisen (orange unterlegt). Je nach Situation, beabsichtigter Wirkung und Ansprechpartner können noch weitere Merkmale hinzukommen.**

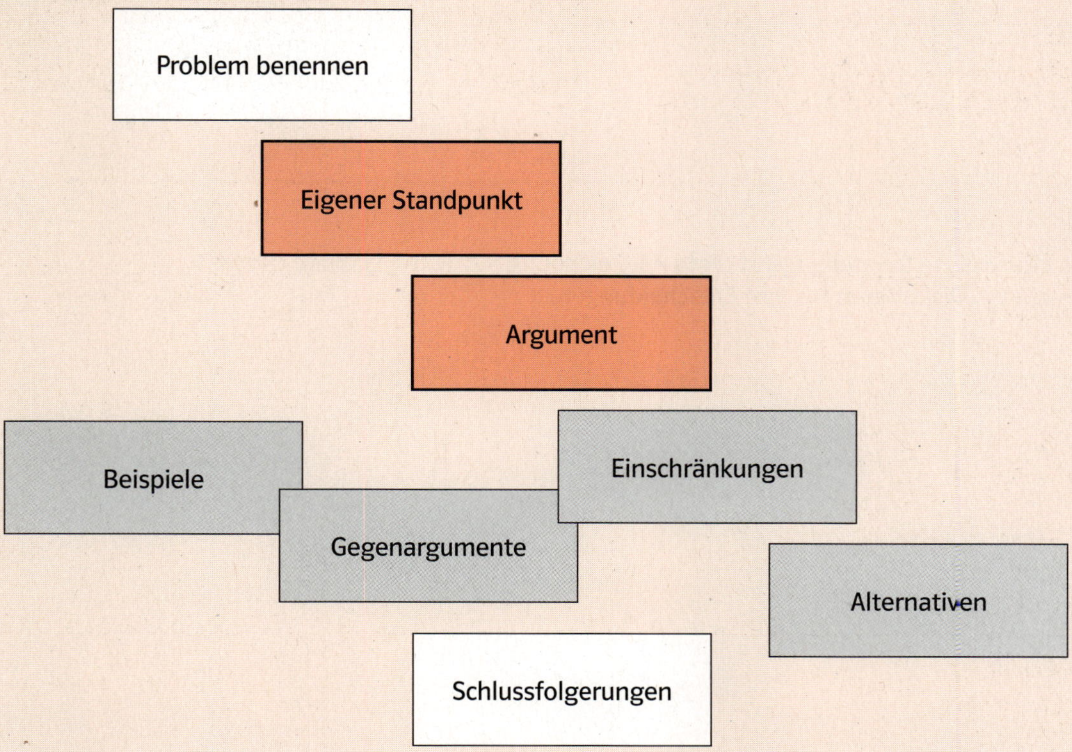

# Visualisieren und präsentieren

## Grafische Darstellungen verstehen und Schaubilder erstellen

A

B

C

D

E

F

**1** Schreiben Sie die Bedeutung der oben abgebildeten Visualisierungen (bildhafte Darstellungen) in einem Satz auf.

| | Bedeutung |
|---|---|
| A | |
| B | |
| C | |
| D | |
| E | |
| F | |

**2** Vergleichen Sie Ihre Sätze (siehe Aufgabe 1) mit den Bildern. Tragen Sie die Vorteile der Bilder oder der Sprache stichwortartig in die Tabelle ein.

| Vorteil Bilder | Vorteil Sprache |
|---|---|
| • | • |
| • | • |
| • | • |

**3** Tragen Sie ein, welche Darstellungsart (Foto = F, Zeichnung = Z, Text = T) Ihnen jeweils sinnvoll erscheint. Diskutieren Sie Ihre Entscheidungen.

| | | | |
|---|---|---|---|
| Wunsch-Frisur | ☐ | Grundriss eines Zimmers | ☐ |
| Umsatzzahlen eines Unternehmens | ☐ | Binden einer Krawatte | ☐ |
| Stoffsammlung für einen Aufsatz | ☐ | Kochrezept | ☐ |

**4** **Visualisieren Sie die folgenden Gedanken zum Thema „Was trägt zur Verbesserung des Betriebsklimas bei?" in einer Mindmap.**

**Oberbegriffe:**
Kommunikationsmöglichkeiten • Verhalten der Vorgesetzten • Verhalten der Mitarbeiter • Gesundheit am Arbeitsplatz

**Unterbegriffe:**
helle Arbeitsräume • Lob und Anerkennung • Engagement • kein Lärm • Übernahme von Verantwortung • Betriebsausflug • Kaffee-Ecke • angenehme Temperatur • Freundlichkeit

**Beachten Sie bei der Erstellung der Mindmap folgende Grundregeln.**
1. **Schreiben Sie zuerst das zentrale Thema in die Mitte.**
2. **Finden Sie Oberbegriffe und tragen Sie diese als Hauptäste ein.**
3. **Verfeinern Sie die Struktur, indem Sie Unterbegriffe ergänzen.**

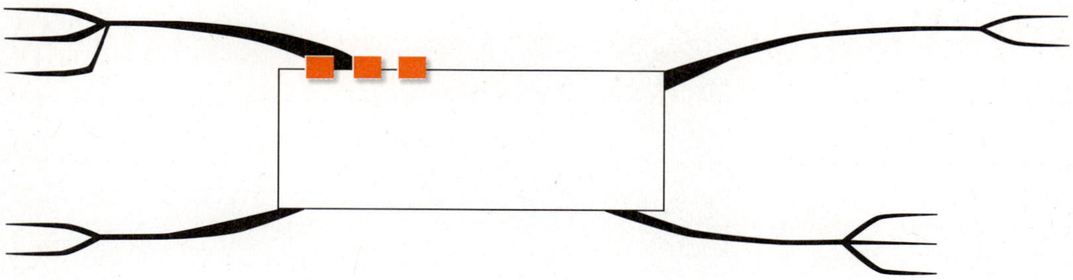

**5** **Erstellen Sie jeweils ein passendes Diagramm mit den folgenden Angaben eines Kleinunternehmens in Dresden. Versehen Sie jedes Diagramm mit einer Überschrift.**

**A** Kundenherkunft 2004: Dresden (60 %), restliches Deutschland (15 %), Ausland (25 %)

**B** Umsatz, Gewinn und Investitionen:
2003: 120.000 € Umsatz, 10.000 € Gewinn, Investitionen: 20.000 €
2004: 140.000 € Umsatz, 15.000 € Gewinn, Investitionen: 30.000 €
2005: 150.000 € Umsatz, 17.000 € Gewinn, Investitionen: 40.000 €

**C** Kundenanzahl: 2003: 84, 2004: 97, 2005: 107

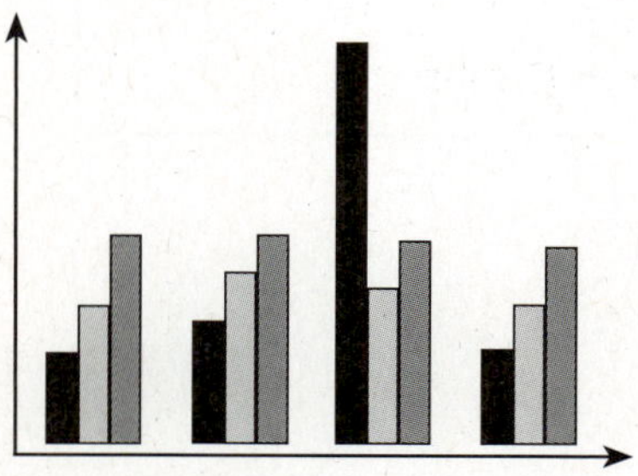

Das Säulendiagramm dient zum Vergleich mehrerer Daten.

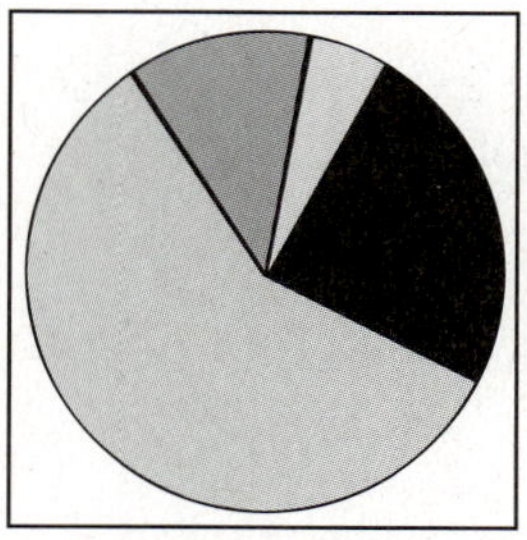

Das Kreisdiagramm eignet sich besonders zur Darstellung von Proportionen.

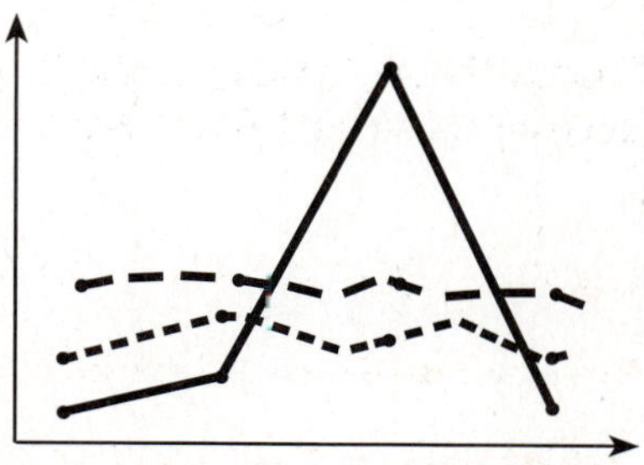

Das Liniendiagramm zeigt Tendenzen besonders gut an.

# Bild und Text kombinieren

**6** a) Erstellen Sie jeweils eine originelle Bildunterschrift zu den folgenden Bildern.
b) Vergleichen Sie Ihre Lösungen und diskutieren Sie, ob die jeweiligen Vorschläge auch wirklich zu den Bildern passen.

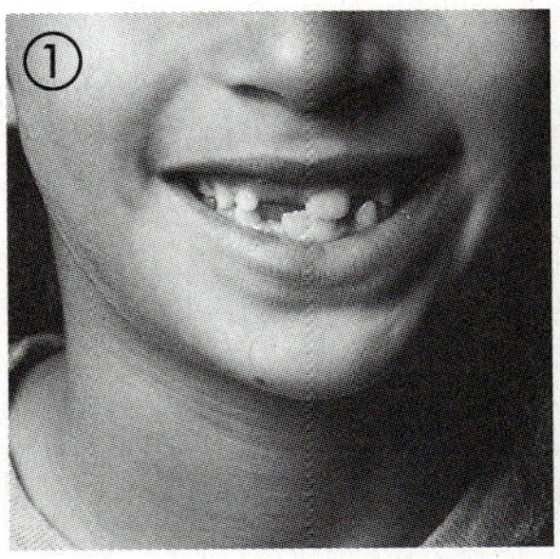
①

②

③

④

**Beispiel:**

① – Zahnärzte warnen vor den Gefahren der Süßigkeiten. Oder
– Gewalt in den Schulen: Die Schläger werden immer brutaler.

② ……………………………………

③ ……………………………………

④ ……………………………………

**7** Illustrieren Sie die folgenden Aussagen durch Zeichnungen oder Fotos. Sie können selbst zeichnen, Fotos aufnehmen oder aus dem Internet herunterladen und ausdrucken (bitte in Größe 4 x 3 cm einkleben).

A) Viele Jugendliche verschulden sich, weil sie die Kosten ihres Handys aus den Augen verlieren.

B) Der Umgang mit dem Computer und dem Internet wird für die Jugendlichen immer selbstverständlicher.

C) Die Vorurteile gegenüber anderen Kulturen und anderen Völkern sind in Deutschland gesunken, da viele Jugendliche Freunde aus anderen Kulturkreisen haben.

**8** **Ordnen Sie den Zeichnungen die passenden Begriffe zu und tragen Sie diese in die leeren Felder (1 – 13) ein.**

Bild 1: Auslöseknopf, Betriebsschalter, Blitzlicht, Handschlaufe, Autofocus, Kameralinse

Bild 2: Zoom-Wippschalter, Schieberegler (Aufnahme/Wiedergabe), Display-Knopf, Sucher, LCD-Bildschirm, Multi-Wählschalter, Menüschalter

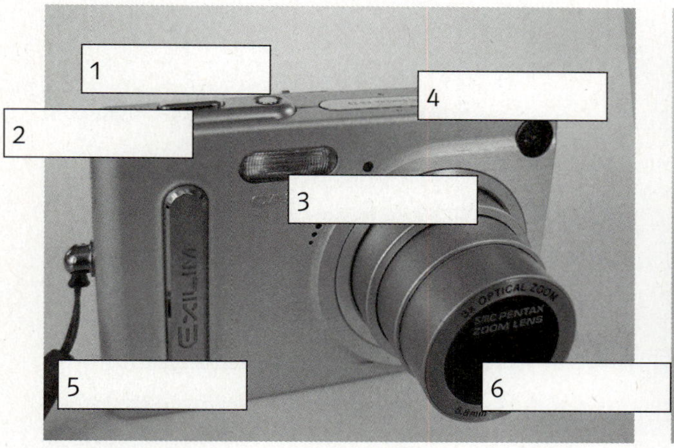


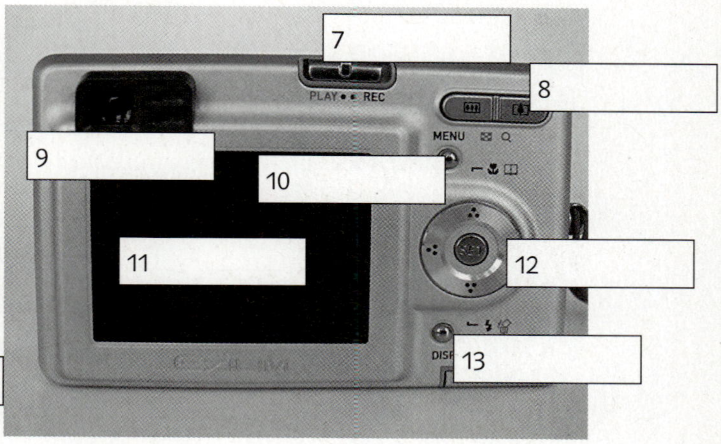


**9** **Ergänzen Sie die Visualisierung in Aufgabe 8 durch Erklärungen einzelner Teile. Formulieren Sie ganze Sätze.**

**Beispiel:**

*Die Kameralinse ist auf der Abbildung ganz ausgefahren. Sie passt sich der jeweils gewählten Zoom-Einstellung an und verschwindet im Kamera-Gehäuse, wenn die Kamera ausgeschaltet wird.*

**Feld 1:** ........................................

........................................

**Feld 4:** ........................................

........................................

**Feld 7:** ........................................

........................................

**Feld 8:** ........................................

........................................

**10** **Ziehen Sie Verbindungslinien, um zu verdeutlichen, mit welchen Mitteln Sie die einzelnen Projekte umsetzen würden. Begründen Sie Ihre Zuordnungen in einem vollständigen Satz.**

| | | | | | |
|---|---|---|---|---|---|
| Dokumentation Klassenfahrt | Vorstellung eines Handwerkbetriebes | Funktionsweise eines Küchengeräts | Hinweis auf eine Veranstaltung | Referat in der Schule | Vorstellung eines neuen Produktes |

**Flyer** **Plakat** **Präsentation** **Website** **Film** **Fotoausstellung**

# Farben und Schriftarten gezielt einsetzen

**11** **Ergänzen Sie den folgenden Text mit den passenden Farbbezeichnungen (weiß • schwarz • blau • grün • gelb • rot • orange). Beachten Sie dabei die Groß- und Kleinschreibung.**

Die ____________________ Farbe steht oft für Gefahr. Sie ist aber auch eine Farbe der Jugend und der Erotik. Besonders in Kombination mit Schwarz wirkt ____________________ aggressiv. ____________________ wirkt in unserer Gesellschaft rein und tugendhaft. Deshalb ist auch traditionell die Braut in ____________________ gekleidet. Die Farbe des Wassers ist ____________________, diese Farbe steht deshalb für Kühle. Aber auch Autorität sagt man der ____________________ Farbe nach. Deshalb werden offizielle Darstellungen oft in dieser Farbe vorgenommen. Der ____________________ Farbe sagt man beruhigende Eigenschaften nach, da dies die Farbe der Natur ist. ____________________ symbolisiert auch Sicherheit und Hoffnung. Die ____________________ Farbe dagegen ist die Farbe des Lichts und der Erleuchtung. ____________________ hat aber auch negative Eigenschaften. So ordnen viele Menschen dieser Farbe Geiz, Eifersucht und Neid zu. Schwarz auf ____________________ gilt als internationale Warnfarbe für gefährliche Stoffe. ____________________ ist eigentlich keine Farbe, es symbolisiert in unserer Kultur Tod und Trauer. Die ____________________ Farbe gilt aber auch vor allem bei der Kleidung als Liebling der Designer. ____________________ ist dagegen die Farbe des Lustigen, des Vergnügens und der Energie. Allerdings wird ____________________ auch als Sicherheitsfarbe auf der Straße (Bauarbeiter, Müllmänner) eingesetzt.

**12** **a) Charakterisieren Sie die einzelnen Schriftarten, indem Sie die folgenden Adjektive den jeweiligen Schriftarten zuordnen (lustig, futuristisch, brutal, dekorativ, fließend, geschwungen, schnörkellos, digital, verspielt).**
**b) Entscheiden Sie durch Ankreuzen, ob die Schriftarten zu den Begriffen passen.**

| | Charakterisierung | Schriftart passt | Schriftart passt nicht |
|---|---|---|---|
| Bauarbeiter | | | |
| modern | | | |
| aggressiv | | | |
| NATUR | | | |
| Freude | | | |
| DISZIPLIN | | | |
| TRADITION | | | |
| weich | | | |
| zart | | | |

# Präsentationen vorbereiten und durchführen

**13** **Erstellen Sie eine Präsentation mit einem Präsentationsprogramm oder mit Overhead-Folien zu einem möglichen Ziel einer Klassenfahrt (vgl. Kapitel „Sich informieren") oder zu Ihrem Hobby. Beachten Sie dabei „Wichtiges in Kürze".**

**14** **Bereiten Sie sich darauf vor, die Präsentation (siehe Aufgabe 13) vor Ihrer Klasse vorzutragen, indem Sie den Präsentationstest durchführen und die Ratschläge befolgen.**

1. Welche Vorüberlegungen machen Sie sich bei der Vorbereitung einer Präsentation?
   - ☐ a) Ich mache mir klar, welches Ziel ich mit der Präsentation erreichen möchte.
   - ☐ b) Ich überlege nicht lange, ich habe ja das Thema.
   - ☐ c) Ich spiele alles Mögliche durch, denn die Vorbereitung ist viel wichtiger als die eigentliche Präsentation.

2. Welche Bedeutung messen Sie dem Inhalt der Präsentation bei?
   - ☐ a) Der Inhalt ist das Wichtigste, er muss aber gut verpackt sein, damit er auch beim Publikum ankommt.
   - ☐ b) Der Inhalt ist nichts, die Verpackung ist alles.
   - ☐ c) Nur der Inhalt ist wichtig.

3. Womit beginnen Sie Ihre Präsentation?
   - ☐ a) Ich begrüße das Publikum und erzähle eine kleine Geschichte.
   - ☐ b) Das fällt mir immer erst ein, wenn ich die Präsentation halte.
   - ☐ c) Ich zeige die erste Folie.

4. Welcher Aussage über die Körpersprache und über die Mimik stimmen Sie zu?
   - ☐ a) Sicheres und freundliches Auftreten sind sehr wichtig.
   - ☐ b) Hauptsache ist, dass man zeigt, wie cool man ist.
   - ☐ c) Das ist unwichtig, Hauptsache, der Inhalt stimmt.

5. Welches Verhältnis haben Sie zu den Zuhörerinnen und Zuhörern?
   - ☐ a) Ich versuche, das Publikum in die Präsentation einzubeziehen.
   - ☐ b) Die sollen mir lauschen.
   - ☐ c) Ich sorge für Ruhe im Publikum.

6. Welche Bedeutung messen Sie Ihrer Stimme bei?
   - ☐ a) Ich versuche, meine Stimme zu variieren und lege auch mal eine Sprechpause ein.
   - ☐ b) Darauf achte ich nicht.
   - ☐ c) Die Stimme ist unwichtig, es steht ja alles auf den Folien.

7. Welcher Aussage zur Visualisierung stimmen Sie zu?
   - ☐ a) Text und Bild sollten sich gegenseitig verstärken.
   - ☐ b) Ich zeige nur Bilder.
   - ☐ c) Bilder brauche ich nicht.

8. Wie gestalten Sie Ihre Folien?
   - ☐ a) Das Publikum sollte sehen können, an welcher Stelle der Präsentation wir uns befinden und der Text sollte gut lesbar sein.
   - ☐ b) Das Publikum soll mir einfach vertrauen und mir folgen.
   - ☐ c) Ich kündige jede Folie an, indem ich sage: „Sie sehen jetzt die Folie Nr. x."

9. Welchen Stellenwert hat Ihr mündlicher Vortrag?
   - ☐ a) Er bringt zusätzliche Informationen zum abgebildeten Text.
   - ☐ b) Welcher mündliche Vortrag? Meine Zuhörer können selber lesen.
   - ☐ c) Ich lese grundsätzlich nur ab, was auf den Folien steht.

10. Wie schließen Sie Ihren Vortrag?
    - ☐ a) Ich schließe mit einem allgemeinen Hinweis auf die Bedeutung des Präsentierten für die Anwesenden.
    - ☐ b) Da habe ich meinen Spruch: „Das war's. Ihr dürft klatschen."
    - ☐ c) Dafür habe ich immer eine Schlussfolie.

Auswertung:

a) Diese Antworten wählen die erfahrenen Präsentierer. Wenn Sie diese gewählt haben, dann haben Sie sich ein Lob verdient. Tipp: Machen Sie so weiter.
b) Sie nehmen sich zu wichtig und Ihre Präsentation zu lässig und Sie denken, dass vieles sich spontan und automatisch ergibt. Dies ist leider oft aber nicht der Fall. Tipp: Sie sollten sich mehr in Ihre Zuhörerinnen und Zuhörer versetzen und Ihnen mehr bieten. Dazu müssen Sie sich aber auch entsprechend vorbereiten.
c) Sie tendieren dazu, alles planen zu wollen und neigen dazu, sich hinter Ihren Folien verstecken zu wollen. Sie wirken oft zu formal und nicht lebendig genug. Tipp: Lernen Sie aus den Antworten a).

**15** **Halten Sie die Präsentation vor Ihrer Klasse und beachten Sie die Checkliste (siehe Zusammenfassung am Kapitelende) für gute Folien-Präsentationen.**

**16** **Der folgende Text wurde für einen Flyer umgearbeitet. Ergänzen Sie die Leerstellen im Flyer.**

Elke Wenders wurde am 11.10.1985 in Stuttgart geboren. Nach der Grundschule besuchte sie die Realschule und anschließend das Berufskolleg für Mode und Design, das sie 2004 erfolgreich abschloss. Anschließend wurde sie mit Gudrun Heidekofel als Modedesignerin im Modeatelier „mod-art" eingestellt. Dort entwickeln die beiden individuelle Entwürfe, die von internationalen Einflüssen geprägt sind. Auf der Modenschau „spring 07", zu der am 12.12.2006 ab 18:00 Uhr über 200 Gäste in der Mozartstr. 36a im Heusteigviertel in 70180 Stuttgart erwartet werden, werden vor allem Entwürfe gezeigt, die von der traditionellen Kleidung Japans angeregt sind und eine Verbindung zur Moderne aufweisen. Die Modenschau soll über 100 neue Kleidungsstücke beinhalten, die von über 15 Models gezeigt werden wird. Die Kleidungsstücke sollen zwischen 400 und 2.000 Euro kosten.

**Flyer**

Überschrift (Interesse wecken): → Japanischer ____________ in Stuttgart

____________ 07:

Anreißer (1–2 Sätze): → Das ____________ „mod-art" ____________ japanisch ____________ Kleidung.

Text: → Mehr als 15 ____________ zeigen über 100 neue ____________ von 400 bis 2.000 Euro. Unsere beiden ____________ Elke Wenders und Gudrun Heidekofel haben sich von der ____________ Mode Japans ____________ lassen.

Kommen Sie am 12.12.2006 um 18:00 Uhr auf einen kleinen Snack vorbei und ____________ Sie ____________ in der Mozartstr. 36a im Heusteigviertel in 70180 Stuttgart.

**17** **Fotografieren Sie einzelne Schritte eines einfachen Arbeitsvorganges und erstellen Sie eine Anleitung mit Text und Bild.**

**Mögliche Darstellungsformen: Wandzeitung, Plakat, Veröffentlichung im Internet. Beachten Sie dabei das Urheberrecht und besonders das Recht am eigenen Bild, wenn Sie Personen aufnehmen.**

## **Wichtiges in Kürze:** Kriterien für eine gute Folien-Präsentation

1. Ihre Präsentation muss eine eigene Leistung sein: Sie müssen die gefundenen Informationen für Ihr Ziel und Ihre Zielgruppe auswählen, neu strukturieren und neu formulieren.
2. Geben Sie alle Quellen an, die Sie benutzt haben (z.B. auf der letzten Folie).
3. Falls Sie Textpassagen wörtlich wiedergeben, dann kennzeichnen Sie diese als Zitat: Anführungszeichen und genaue Quellenangabe (beim Internet: Internetadresse und Datum). Dies gilt auch für die Übernahme von Bildern.
4. Ihre Präsentation sollte mindestens Folgendes beinhalten:
   a) Eingangsfolie mit Titel und evtl. Untertitel
   b) Folie mit Inhaltsangabe
   c) Folien mit Text (möglichst Stichworte oder knappe Formulierungen) und Bild zu den Themen der Inhaltsangabe
   d) Text und Bilder sollten sich gegenseitig verstärken.
   e) Farben und Schriftarten müssen dem Thema und der Zielgruppe angemessen sein.
   f) Zusätzlicher Kommentar für den mündlichen Vortrag (evtl. in Stichworten), der Zusatzinformationen zu den Folien enthält.

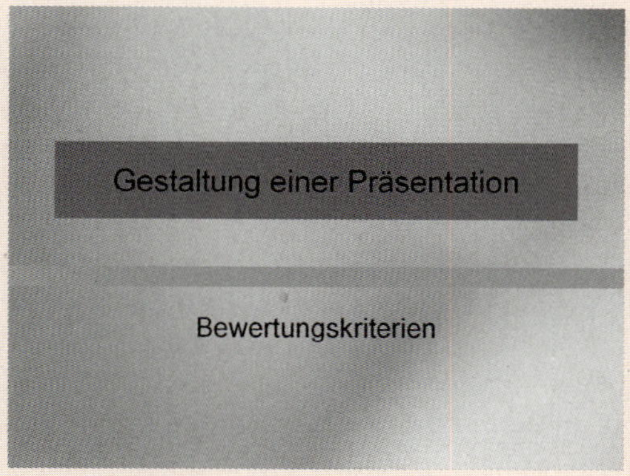


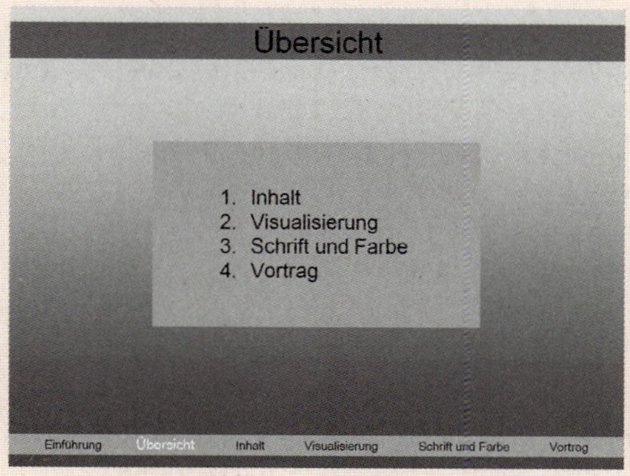


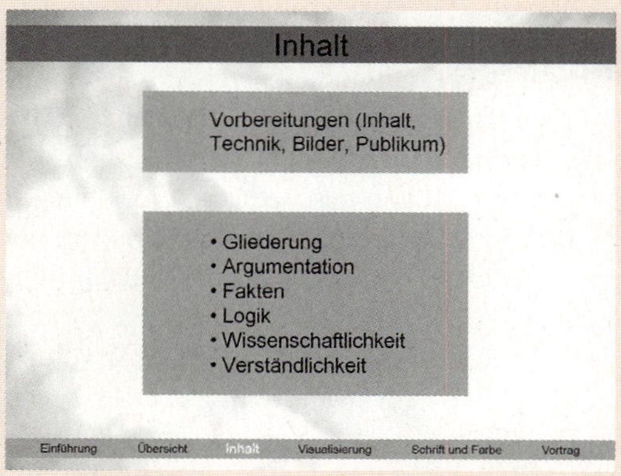


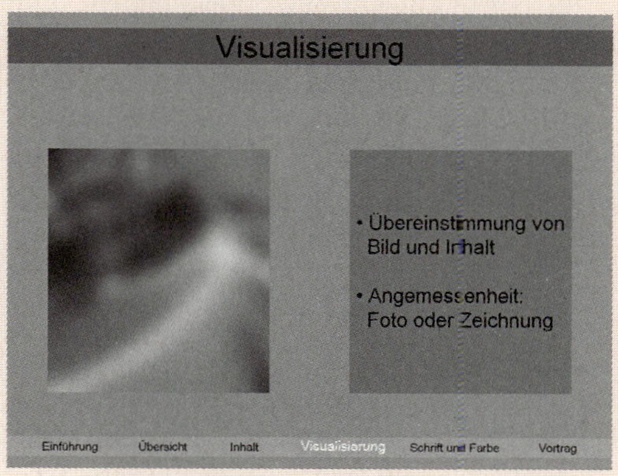

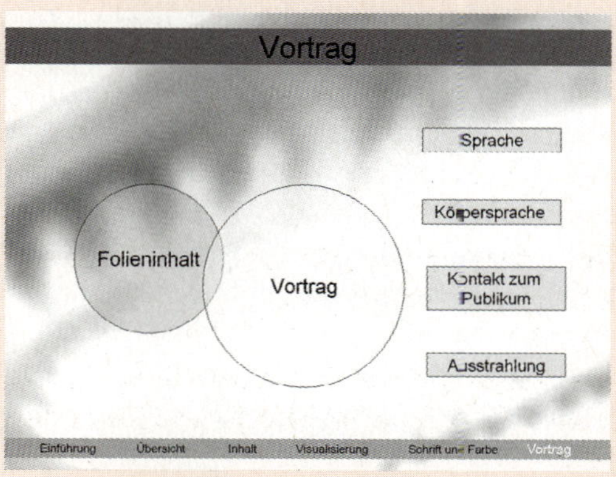

# Sich auf eine Prüfung vorbereiten

## Aufgabenstellungen verstehen

**1** **Lesen Sie den Text „Mobbing in der Schule" und die Aufgabenstellungen I bis III (siehe Seite 101) genau.**

### Mobbing in der Schule

Das Wort Mobbing wird umgangssprachlich häufig statt Schikane verwendet und kommt aus dem Englischen. *Mob* bedeutet Meute, *to mob* anpöbeln, über jemanden herfallen.

Geprägt wurde der Begriff durch den schwedischen Wissenschaftler Heinz Leymann. Anders als in den skandinavischen Ländern und im deutschsprachigen Raum wird in anderen Ländern meist der englische Begriff *bullying* verwendet.

Unter Mobbing in der Schule versteht man herabsetzende und ausgrenzende Handlungen, die systematisch und dauerhaft gegen einzelne Schüler im Klassenverband gerichtet sind. Die Opfer werden hierbei typischerweise drangsaliert, beschimpft oder isoliert. Da sie sich unter starken psychischen Druck und Stress gesetzt fühlen, sind dauerhafte seelische (und manchmal auch körperliche) Schäden möglich.

Wissenschaftliche Studien haben erwiesen, dass es Schülern, die als Täter auftreten und gezielt Mitschüler hänseln, für gewöhnlich eben nicht an Anerkennung fehlt, wie man früher oft fälschlicherweise vermutete. Nicht selten sind diese Schüler sogar besonders beliebt und werden ihrer vermeintlichen „Stärke" wegen beachtet und hofiert. Dieses „Gewalt zahlt sich aus in Macht über andere" macht es auch für Außenstehende schwierig, Mobbingverhalten zu verhindern. Häufig ist erst dann eine Verhaltensänderung möglich, wenn das Gleichaltrigen-Umfeld den Mobbern nicht länger Prestigegewinne verschafft.

Häufig ist auch das Ausgrenzen einzelner Schülerinnen und Schüler durch Gruppen, die sich im Klassenverband bilden. Einzelne Schüler geraten hierbei immer wieder in eine Außenseiterposition, es gelingt ihnen nicht, Anschluss an die sozialen Kommunikations- und Verhaltensformen der Gleichaltrigen zu finden. Gerade diese Schüler werden häufig zum Ziel von verbalen (und manchmal auch körperlichen) Attacken und unterliegen symbolischen, verdeckten oder offenen Ausgrenzungsstrategien der „In-Gruppen". Die Täter sind meist impulsiv und aggressiv, dominant und selbstsicher. Gewalt ist für sie ein legitimes Mittel zur Durchsetzung ihrer Ziele und sie haben kein Mitleid mit dem Opfer.

Mobbingstrategien sind geschlechtsspezifisch unterschiedlich: Während bei Mädchen mehr verbale Attacken, Hänseln wegen körperlicher Merkmale, Aussehen und Kleidung und Ausschluss von Kommunikation und Nähe („mit der rede ich nicht (mehr)...") beobachtet werden können, sind jungentypische Verhaltensformen eher körperlicher Natur und äußern sich in Sachbeschädigung, Erpressung und Bedrohung durch Androhen oder Anwenden von körperlicher Gewalt.

Typische Mobbing-Opfer sind, wie schon dargestellt, häufig Schüler, die sich in einer Außenseiterposition befinden. Die Gründe dafür können vielfältig sein: Es kommen äußerliche Merkmale in Frage wie Sprachstörungen, besondere und auffallende Körpermerkmale, häufig bei Jugendlichen auffallender Körpergeruch, aber auch eine gegenüber der Mehrheit abweichende ethnische Herkunft, besonders schlechte oder auch besonders gute Leistungen, also in irgendeiner Weise abweichende Verhaltensweisen oder Gewohnheiten.

Das typische Mobbing-Opfer frisst seine Ängste in sich hinein, äußert sich nicht über den Frust und die erlebte Hilflosigkeit, versucht verschiedene Gegen- und Vermeidungsstrategien, bevor es die Rolle schließlich akzeptiert und die negative Definition in sein Selbstbild aufnimmt. Häufig geschieht dies auf der Grundlage schon früh einsetzender negativer Erfahrungen auch im vorschulischen Bereich, die aber noch nicht den Grad an Systematik und Grausamkeit erreicht haben, dass sie als Mobbing identifiziert werden. Gerade aber in diesen Fällen fügt eine andauernde schulische Mobbingsituation dem ohnehin schon beschädigten Selbstbild einen weiteren großen Schaden zu. Es entsteht eine Spirale aus Ablehnung, Angst und Gewalt. Zu den Folgen können auch schwerwiegende psychische Störungen wie Depression oder Schlafstörungen und Angsterkrankungen gehören, wie eine Studie der Universität Essex belegt.

An deutschen Schulen wird mindestens jedes zehnte Kind (etwa eine Million) ernsthaft gemobbt und mehr als eines von zehn Kindern schikaniert andere.

*http://de.wikipedia.org/wiki/Mobbing_in_der_Schule. Abgerufen am 22.07.2005*

**Worterklärungen:**

| | |
|---|---|
| ethnisch: | einem besonderen Volkstum angehörend |
| dominant: | bestimmend, vorherrschend |
| drangsalieren: | quälen, peinigen |
| identifizieren: | genau wiedererkennen |
| impulsiv: | lebhaft, rasch handelnd |
| Kommunikation: | Verständigung untereinander |
| Prestige: | Ansehen, Geltung |
| verbal: | mit Worten |

I Aufgaben zum Text
Notieren Sie mit eigenen Worten in ganzen Sätzen,
a) was man unter Mobbing versteht.
b) wie man die Täter charakterisieren kann.
c) welche Unterschiede es zwischen weiblichen und männlichen Mobbingstrategien gibt.
d) was dazu führen kann, dass man Mobbing-Opfer wird.
e) welche Auswirkungen Mobbing auf die Opfer haben kann.

II Erzählen
Situation: Sie fühlen sich seit ein paar Tagen gemobbt.
Erzählen Sie in Form eines Tagebucheintrags, was Sie Tag für Tag eine Woche lang erlebt haben.

III Stellung nehmen
Schreiben Sie eine Stellungnahme (einleitender Satz, eigene Meinung, Begründung, Beispiel, Folgerung) zu dem Thema: *„Können in einer Klasse schriftlich festgelegte Verhaltensregeln Mobbing in der Schule verhindern?"*

**2** **Kreuzen Sie an, ob die Aussagen über die Aufgabenstellung richtig oder falsch sind.**

| a) | **Ich muss laut Aufgabenstellung *I Aufgaben zum Text* (siehe oben)…** | richtig | falsch |
|---|---|---|---|
| 1 | die Textstellen abschreiben, in denen ich Antworten auf die indirekten Fragen a) bis e) erhalte. | ☐ | ☐ |
| 2 | mit eigenen Worten den Begriff „Mobbing" erklären, mit eigenen Worten die Täter charakterisieren, die andere Menschen mobben, usw. | ☐ | ☐ |
| 3 | stichwortartig die Antworten auf die indirekten Fragen a) bis e) nennen. | ☐ | ☐ |
| 4 | die Textstellen unterstreichen und vorlesen, die die Antworten auf die indirekten Fragen a) bis e) enthalten. | ☐ | ☐ |
| 5 | in ganzen Sätzen die indirekten Fragen a) bis e) beantworten, diese schriftlich festhalten und dabei eigene Worte benutzen. | ☐ | ☐ |
| 6 | meine eigene Meinung zu den in a) bis e) genannten Themen schriftlich äußern. | ☐ | ☐ |

| b) | **Ich muss laut Aufgabenstellung *II Erzählen* (siehe oben)…** | richtig | falsch |
|---|---|---|---|
| 1 | eine zusammenhängende Erzählung mit Einleitung und Höhepunkt schreiben. | ☐ | ☐ |
| 2 | möglichst genau und ohne Wertung berichten, was mir passiert ist. | ☐ | ☐ |
| 3 | von einzelnen Szenen aus persönlicher Sicht erzählen, was ich als Mobbing erlebt habe. | ☐ | ☐ |
| 4 | unter jeweils sieben Datumsangaben schreiben, wie andere mich gehänselt haben und was ich dabei gefühlt habe. | ☐ | ☐ |
| 5 | für jeden Tag eine Erzählung ausführlich mit jeweils einem Höhepunkt vortragen. | ☐ | ☐ |

| c) | **Ich muss laut Aufgabenstellung *III Stellung nehmen* (siehe oben)…** | richtig | falsch |
|---|---|---|---|
| 1 | schriftlich aufzählen, welche Verhaltensregeln in der Schule gelten sollen. | ☐ | ☐ |
| 2 | die gestellte Frage mit Ja oder Nein beantworten, dann habe ich die Aufgabe erledigt. | ☐ | ☐ |
| 3 | eine Stellungnahme in fünf Abschnitten zur Beantwortung der gestellten Frage schreiben. | ☐ | ☐ |
| 4 | mich schriftlich dazu äußern, wie Mobbing in der Schule durch festgelegte Verhaltensregeln verhindert werden könnte. | ☐ | ☐ |
| 5 | meine Meinung dazu äußern, ob in der Schule Mobbing verhindert werden kann, wenn Verhaltensregeln in der Klasse schriftlich festgelegt wurden. | ☐ | ☐ |

**3** **Notieren Sie hier die Minuten, die Sie für die Bearbeitung von**

| | |
|---|---|
| Aufgabe I | Min. |
| Aufgabe II | Min. |
| Aufgabe III | Min. |

**verwenden wollen, wenn Sie insgesamt 120 Minuten Zeit zur Verfügung haben.**

**4** **Schreiben Sie von Aufgabe I das Konzept. Überprüfen Sie Ihren Zeitplan (siehe Aufgabe 3). Fertigen Sie dann eine gegliederte Reinschrift an.**

**5** **Verfahren Sie wie in Aufgabe 4 auch mit den übrigen Aufgaben.**

**6** **Überprüfen Sie mit einem Rechtschreibwörterbuch vor allem die Wörter, die Sie bisher häufig falsch geschrieben haben.**

**7** **Zwei Aufgabenformulierungen sind nicht richtig zugeordnet. Erklären Sie durch die richtige Zuordnung, was von Ihnen verlangt wird, wenn in der Aufgabenstellung folgende Aufforderungen enthalten sind:**

| Aufgabenformulierung | Das wird verlangt |
|---|---|
| Nennen Sie … | – Zusammenhänge aufzeigen, erklären, auch mögliche negative Gesichtspunkte und Zukunftsaussichten aufzeigen<br>– Umfassende Darstellung in vollständigen Sätzen |
| Bestimmen Sie … | – Man soll etwas festlegen oder definieren.<br>**Beispiel:**<br>*Einen Begriff bestimmen (= definieren)*<br>Meist muss man in eigenen Worten etwas erklären, indem man die wesentlichen Merkmale angibt.<br>**Beispiel:**<br>*„Bestimmen Sie den Zusammenhang zwischen schulischer Leistung und beruflichem Erfolg.“*<br>*(= Ich muss aufzeigen, welche Arten von schulischer Leistung zu welchem beruflichem Erfolg führen können.)* |
| Erklären Sie … | Siehe „Bestimmen Sie …“ |
| Erläutern Sie … | – Aufzählen, was verlangt wird<br>– Stichworte genügen<br>– Einleitenden Satz voransetzen<br>**Beispiel:**<br>*„Das sind die Gründe für die Unzufriedenheit der Bevölkerung über die Gesundheitsreform: …“* |

## Prüfungsaufgaben bearbeiten

**8** **Lesen Sie den folgenden Text und bearbeiten Sie die dazu gehörenden Aufgaben.**

### Alcopops – Die süße Verführung

Alcopops werden diese Mischungen aus Spirituosen und Limonade genannt. Das Geheimnis dieser Getränke: Man schmeckt den Alkohol nicht. 5,4 Prozent Alkohol, so viel etwa wie ein starkes Bier, enthält etwa eine Flasche und schmeckt dabei nur wie eine Tonic-Water-Limonade.

Konzipiert sind die Getränke vor allem für junge Frauen. Getrunken aber werden sie von denen, die den Geschmack von Limonade noch gewöhnt sind: Von Kindern und Jugendlichen.

Der Bielefelder Jugendforscher Prof. Klaus Hurrelmann macht die Alcopops mit dafür verantwortlich, dass der Alkoholkonsum von Jugendlichen in Deutschland nach jahrelangem Abwärtstrend wieder steigt. „15 Prozent der 15-jährigen Mädchen sagen, dass sie dieses Getränk jeder anderen Alkoholsorte vorziehen", berichtet Hurrelmann. Bei den Unter-18-Jährigen stünden Alcopops derzeit an der Spitze des Konsums.

Eigentlich dürfen alkoholische Getränke erst ab 18 gekauft werden, doch auch Jüngere kommen problemlos dran, wie Tests des ZDF ergaben. Weder in Supermärkten noch in Getränke-Kiosken wurden die Jugendlichen abgewiesen. Die Spirituosenindustrie verweist auf die Verantwortung der Händler. Die müssten das Alter ihrer Kunden kontrollieren.

Der Münchner Suchtforscher Ulrich Zimmermann hat untersucht, welche Jugendliche eher zur Alkoholsucht neigen als andere. Faktoren wie familiäre Vorbelastungen und Stressempfindlichkeit spielen hier eine Rolle. „Niemand kann sich ganz sicher sein, dass er nicht zu den Risikogruppen zählt", sagt Zimmermann. Was für einige in der Clique nur ein Ausprobieren ist, kann für andere der Beginn einer Alkoholikerkarriere sein.

Gerade im Alter zwischen zehn und zwanzig Jahren zeigt sich, ob Jugendliche zu Alkoholikern werden. Und gerade diese Altersgruppe fühlt sich von den neuen Alcopops besonders angesprochen. Das alarmiert die Forscher.

Suchtforscher Zimmermann kommt der Gedanke an einen Tierversuch: „Die Tatsache, dass Alcopops eher sehr süße Getränke sind, erinnert an die Situation von Verhaltensforschern, die Ratten alkoholabhängig machen wollen. Ratten trinken keinen Alkohol von sich aus. Aber wenn man Alkohol mit zuckerhaltigem Wasser vermischt, dann trinken Ratten das durchaus. Und wenn man den Zuckergehalt im Laufe der Zeit immer mehr reduziert, trinken die Ratten tatsächlich auch reinen, puren Alkohol."

*http://www.zdf.de/ZDFde/inhalt/7/0,1872,2085415,00.html. Abgerufen am 27.02.2005*

I Aufgaben zum Text
Notieren Sie mit eigenen Worten in ganzen Sätzen,

a) welche Getränke man als Alcopops bezeichnet.
b) bei welchen Bevölkerungsgruppen die Getränke besonders beliebt sind.
c) welche Gefahr mit dem Konsum von Alcopops verbunden ist.
d) was Tierversuche in Bezug auf den Alkoholkonsum gezeigt haben.

II Einen Brief schreiben
Situation:
Sie wollen in den Räumen eines Kindertreffs ab 18:00 Uhr ein Fest für Jugendliche organisieren. Das Jugendamt der Stadt verspricht Ihnen die Überlassung der Räume für den Fall, dass Sie glaubhaft nachweisen können, dass Sie den Konsum von Alkohol unterbinden werden.

Schreiben Sie einen Brief an das Jugendamt (fehlende Angaben erfinden Sie) und berichten Sie darin über die Maßnahmen, die Sie ergreifen wollen, um die Bedingung des Jugendamtes zu erfüllen.

III Stellung nehmen
Nehmen Sie zu folgendem Thema Stellung:
*„Alkohol sollte nur in speziellen Läden mit genauen Alterskontrollen verkauft werden dürfen."*

**9** **Lesen Sie den folgenden Text und bearbeiten Sie die dazu gehörenden Aufgaben.**

*Gertrud Gandenberger*

## Waris Dirie: Vom Model zur UNO-Sonderbotschafterin gegen die Genitalverstümmelung von Frauen

Waris Dirie wurde vor etwa 35 Jahren als Tochter eines ostafrikanischen Nomaden geboren. Als sie 14 Jahre alt war, wurde sie einem Greis im Tausch gegen fünf Kamele zur Frau versprochen. Der Zwangsheirat entging sie durch ihre abenteuerliche Flucht durch die Wüste nach Mogadischu, der Hauptstadt Somalias. Anschließend ging sie als Hausangestellte nach London, wo sie 18-jährig als Model entdeckt wurde und in den darauf folgenden Jahren zum Supermodel avancierte. Diesen so spektakulären wie unfreiwilligen Werdegang von der Tochter eines Nomaden zu einem der gefragtesten Top-Models weltweit schildert Waris Dirie auch in ihrer Biografie „Wüstenblume".

Berühmt geworden war Waris Dirie auf den Titelseiten von Modezeitschriften wie Vogue oder Elle. 1997 wurde sie zur UNO-Sonderbotschafterin gegen die Genitalverstümmelung von Frauen ernannt. Dem ging ein Tabubruch ihrerseits voraus: Ihre mediale Aufmerksamkeit durch ihren glamourösen Beruf als Model nutzend, sprach sie in einem öffentlichen Interview über ihre eigenen Erfahrungen, die sie als 5-Jährige mit „FGM" (Female Genital Mutilation), deutsch: Verstümmelung der weiblichen Genitalien, erlitten hatte: eine Verletzung, deren massive psychische und physische Schäden ein Leben lang bestehen bleiben und die in vielen Fällen auch tödlich endet.

Waris Dirie sieht ihre Funktion als UNO-Botschafterin darin, für Frauen zu sprechen, die das grausame Ritual der Genitalverstümmelung erleiden, erlitten haben oder daran sterben mussten. Diese Aufgabe, der sie aufgrund ihrer eigenen Leidensgeschichte so kenntnisreich und glaubwürdig nachgehen kann, füllt sie mit unendlichem Einsatz und viel Engagement aus. So reist sie permanent rund um die Welt und leistet mit öffentlichen Auftritten, Interviews mit Zeitungen, TV-Sendern und Gesprächen mit Politikerinnen und Politikern sowie anderen Personen des öffentlichen Lebens Aufklärungsarbeit über „FGM".

Ihre Stiftung „Desert Dawn" widmet sich derselben Aufgabe und versucht die Verstümmelung der weiblichen Genitalien mit medizinischen und finanziellen Mitteln sowie durch Bildungs- und Aufklärungsarbeit zu bekämpfen. Zudem schrieb Waris Dirie neben ihrer bereits erwähnten Biografie das 2002 erschienene Buch „Nomadentochter". Hier beschreibt sie ihr Wiedersehen mit der Familie und die erneute Konfrontation mit ihren eigenen Wurzeln.

*Politik und Unterricht, 2/2005*

**Worterklärungen:**
avancieren: befördert werden
medial: von den Medien (z.B. Zeitschriften, Fernsehen, Radio) ausgehend
glamourös: betörend wirkend

I Aufgaben zum Text
Beantworten Sie die folgenden Fragen mit eigenen Worten und bilden Sie ganze Sätze.
a) Welche Erlebnisse hatte Waris Dirie, bis sie 18 Jahre alt war?
b) Wodurch wurde Waris Dirie berühmt?
c) Worum geht es in den Büchern, die Waris Dirie schrieb?
d) Welche Tätigkeit übt Waris Dirie seit 1997 aus?

II Schriftlich berichten und beschreiben
Berichten Sie von anderen Menschenrechtsverletzungen als der im Text genannten und beschreiben Sie Maßnahmen, wie man gegen die Menschenrechtsverletzungen vorgehen könnte.

III Stellung nehmen
Nehmen Sie zu folgender Frage Stellung, begründen Sie Ihre Meinung und geben Sie Beispiele.
*„Ist Frau Waris Dirie mutig?"*

### **Wichtiges in Kürze:** Sich auf eine Prüfung vorbereiten

1. Wer sich genügend auf eine Prüfung vorbereitet, braucht keine Angst zu haben.
2. Aufgaben genau und mehrmals lesen, damit klar wird, was verlangt wird.
3. Zeit für die Erledigung der einzelnen Aufgaben festlegen.
4. Zunächst Konzept schreiben, dann Reinschrift. Die Arbeit übersichtlich gestalten.
5. Am Schluss die Arbeit noch einmal gründlich durchlesen und Verbesserungen einfügen.